LE COURRIER

DE

LYON.

L'attaque de la Malle-Poste (PAGE 90).

LE COURRIER DE LYON

Adieux de Lesurques à sa Famille (PAGE 70).

PARIS.

LE BAILLY, ÉDITEUR

Rue de l'Abbaye-Saint-Germain-des-Prés, 2 bis.

LE

COURRIER DE LYON

I

Le 8 floréal, an IV de la république (27 avril 1796) quatre cavaliers suivaient la route qui mène de Paris à Melun. Arrivés à Mongeron, ils s'arrêtèrent à une auberge tenue par la femme Évrard ; ils se firent servir à dîner, puis se rendirent dans l'établissement de la femme Châtelain, limonadière, où ils prirent le café en jouant au billard. A quatre heures de l'après-midi, ils remontèrent à cheval. Ils firent halte à Lieursaint : ils entrèrent chez le cabaretier Champeaux où ils burent du vin pendant que l'un d'eux faisait ferrer son cheval. A sept heures un quart ils reprenaient la route de Melun, marchant au petit pas, tenant à voix basse une conversation qu'ils interrompaient, en échangeant des signes, dès qu'un voyageur venait à passer auprès d'eux. A une lieue environ de Lieursaint, ils s'arrêtèrent, et, s'étant assurés que la route était déserte, ils se rapprochèrent les uns des autres comme pour se donner un mot d'ordre. Ils semblaient impatients et jetaient fréquemment autour d'eux des regards inquiets. Après s'être concertés un instant, ils se remirent en marche, allant lentement, prêtant l'oreille au moindre bruit, regardant souvent du côté de Lieursaint, revenant sur leurs pas, rôdant d'un côté et de l'autre, bien plus en promeneurs indécis qu'en voyageurs. Ces cavaliers armés, au visage hardi, excitaient la curiosité des passants qui les considéraient avec une attention mêlée de défiance.

Ils étaient fort convenablement vêtus : l'un avait un habit de drap gris bleu, un gilet blanc, un chapeau à trois cornes et portait ses cheveux blonds à la jacobine; l'autre avait un habit bleu clair, un gilet rouge, un chapeau à trois cornes; le troisième, une rédingote carmélite, des cheveux noirs à la jacobine : le quatrième, un habit gris blanc; on remarquait à sa ceinture un sabre monté en cuivre.

Cependant la malle qui faisait le service de Paris à Lyon, attelée de deux chevaux, était partie de Paris à cinq heures et demie du soir, emportant 10,000 francs, environ, en numéraire, 7 millions d'assignats, plus cinq ou six mille francs, des marchandises, des bijoux dont le courrier Excoffon s'était chargé pour des particuliers. Le postillon Étienne Audebert, montait le cheval de volée; un voyageur inconnu avait pris place auprès d'Excoffon; c'était un homme d'environ quarante-huit ans, brun, à figure pleine, coiffé d'un chapeau rond, vêtu d'une houppelande bordée de laine noire et armé d'un sabre.

Le lendemain (9 floréal), à quatre heures du matin, entre Lieursaint et Melun à cent pas de la route, au lieu appelé *le Closeau*, des paysans trouvèrent une voiture abandonnée sur la lisière d'un bois. Ils reconnurent la malle des dépêches de Paris à Lyon. Un des deux chevaux était encore attelé, l'autre avait disparu. La malle avait été pillée; à quelques pas était étendu dans une mare de sang, horriblement mutilé, le cadavre du postillon, plus loin celui du malheureux courrier. Qu'était devenu le voyageur? Les paysans effrayés se hâtèrent de courir à Lieursaint raconter ce qu'ils avaient vu. La nouvelle du crime fut aussitôt portée à Melun et dès cinq heures et demie, le juge de paix de cette ville, commis par le directeur de jury, se trouvait sur les lieux.

« Nous nous sommes transporté, dit ce magistrat

dans son procès-verbal, au lieu dit *le Closeau*, à Pouilly, sur la route de Paris à Lyon; nous avons remarqué qu'à cet endroit de la route la malle avait été détournée et conduite un peu plus loin dans les terres; nous avons trouvé un cadavre ensanglanté qui nous a paru être celui du postillon qui conduisait la malle, et, un peu plus loin, un autre cadavre qui nous a paru être celui du courrier. Et étant retourné à l'endroit où étaient les paquets amoncelés, nous avons cherché parmi eux à trouver quelques indices sur le crime qui a été commis et nous avons remarqué une houppelande bordée de bleu, un sabre cassé avec le fourreau, ledit sabre ensanglanté et ayant une devise d'un côté : « L'honneur me conduit, » et de l'autre : « Pour le salut de ma patrie. » Un fourreau de sabre, une gaine de couteau, un éperon argenté..... Il résulte de notre présent procès-verbal, des déclarations des témoins et des renseignements à nous fournis jusqu'à présent, qu'il est présumable que le voyageur qui était avec le courrier et qui ne se retrouve point est un des auteurs du crime; que l'on peut vraisemblablement soupçonner que ce voyageur, d'intelligence avec quatre particuliers à cheval qui nous sont désignés pour avoir fréquenté la route d'une manière suspecte, ayant été rencontré par les quatre particuliers au lieu indiqué, a assassiné le courrier de trois coups de couteau, tandis que les quatre particuliers attaquaient à force ouverte le postillon, qui paraît s'être vigoureusement défendu... que le vol une fois commis, le voyageur s'est emparé du cheval du postillon tué, pour aller aussi vite que ses complices. »

Aussitôt une enquête fut ouverte.

Ce n'était pas sans raison que le magistrat avait ainsi rédigé son procès-verbal. En effet, les quatre cavaliers que nous avons vus s'arrêter à Mongeron et à Lieursaint, puis rôder sur la route, la veille au soir, quelque temps avant l'assassinat, c'est-à-dire de sept heures et demie à neuf heures, avaient été rencontrés dans la nuit, mais en compagnie d'un cinquième cavalier. D'ailleurs, la houppelande trouvée sur les lieux du crime était bien celle que portait le voyageur. D'autre part un officier de garde et un garde national en faction avaient vu passer à Villeneuve, à une heure du matin, cinq hommes à cheval allant du côté de Paris. Un nommé Fanière, volontaire de garde à la barrière de Charenton avait aussi remarqué à cinq heures et demie du matin cinq hommes à cheval rentrant au galop dans Paris. Ces déclarations avaient été précédées de celles des citoyennes de Champeaux, Châtelain, Evrard et des domestiques et servantes de ces aubergistes chez qui les quatre cavaliers s'étaient arrêtés. Quant au voyageur de la malle, il fut parfaitement prouvé qu'un étranger était monté dans la voiture auprès d'Excoffon. Il avait été remarqué par le citoyen Gillet, inspecteur des postes et la citoyenne d'Ol-goff, parente du malheureux courrier et qui avait assisté à Paris au départ de la malle. Enfin, un dragon avait, vers quatre heures du matin, sur la route, entre Villeneuve et Maisons, trouvé un sabre sans fourreau, ensanglanté. D'un autre côté, un enfant avait trouvé un ceinturon. Quant au sabre, il s'adapta parfaitement au fourreau vide trouvé sur le lieu du crime.

Plus de doute, les assassins, venus de Paris, y étaient rentrés une fois le crime accompli. On ne tarda pas à être sur leur piste. Il fut constaté que l'étranger parti le 8 de Paris avec le courrier, s'appelait Laborde, ou du moins qu'il avait pris ce nom ; il n'avait pas de bagage et était armé d'un sabre. On trouva sur la place Royale, à Paris, un cheval abandonné qui fut reconnu pour être le cheval du postillon, détaché de la malle et sur lequel il était présumable que Laborde était re-venu à Paris. Enfin, la police apprit que le 9, au matin, quatre chevaux avaient été conduits chez un aubergiste nommé Muiron, demeurant rue des Fossés-Saint-Germain-l'Auxerrois. Voici la décla-ration d'Humbert Hudry, garçon d'écurie : « Le 9, à environ quatre heures du matin, un nommé

Étienne que je connais depuis sept ou huit mois est venu chez Muiron accompagné d'un autre particulier que je ne connais pas, avec quatre chevaux sellés et bridés. Ils m'ont remis les chevaux en me disant qu'ils arrivaient de Versailles, qu'il fallait donner à manger aux chevaux, qu'ils viendraient les prendre vers quatre heures et qu'il ne fallait les remettre à personne si ce n'est sur un billet signé d'Étienne. Étienne et celui qui l'accompagnait sont revenus vers les sept heures et ont emmené les quatre chevaux. » L'aubergiste Muiron déclara que le nommé Étienne demeurait dans un hôtel meublé, rue du Petit-Reposoir, n° 200. On se transporta dans cette maison où l'on apprit du maître de l'hôtel et du portier qu'Étienne se nommait Courriol, qu'il avait habité là avec Madeleine Bréban, sa maîtresse ; qu'il avait découché dans la nuit du 8 au 9, et qu'il était parti le 10. On rechercha activement ce Courriol et on sut bientôt qu'en quittant la rue du Petit-Reposoir il était allé habiter avec sa maîtresse rue de la Bûcherie, n° 27. Ils étaient restés là jusqu'au 18, et, après s'être procuré un passeport pour Troyes, ils étaient partis dans une voiture que leur avait fourni un juif nommé David Bernard. Le nommé Richard, chez qui Courriol logeait, rue de la Bûcherie, David Bernard, et un autre personnage du nom de Bruer avaient accompagné jusqu'à Bondy Courriol et sa maîtresse. De Bondy les deux fugitifs étaient allés à Château-Thierry où ils s'étaient arrêtés chez un sieur Golier, employé aux transports militaires. On opéra chez Richard une saisie dans laquelle furent compris des papiers appartenant à un sieur Guesnot, préposé des transports militaires à Douai, et qui logeait là lorsqu'il venait à Paris. Un agent fut expédié à Château-Thierry pour arrêter Courriol et Madeleine Bréban. On trouva Courriol nanti : 1° de 1,528 francs en espèces ; 2° de 1,680 francs en or ; 3° de 1,142,200 francs en assignats ; 4° de 42,025 francs en promesses de mandats ; 5° de 7,150 francs en restrictions et d'une grande quantité d'argenterie et de bijoux. Ces valeurs formaient à peu près le cinquième des objets volés au courrier.

Courriol était évidemment un des cinq assassins. Quels étaient ses complices ? où étaient-ils ? On soupçonna Golier chez qui Courriol était logé. On soupçonna surtout le sieur Guesnot dont on avait saisi les papiers chez Richard et qui, par une coïncidence étrange, était avec Courriol chez Golier, son collègue aux transports militaires. Cependant l'honorabilité de Guesnot et de Golier était bien connue. On ne pouvait les arrêter sur une simple présomption ; on les invita seulement à se rendre à Paris.

L'instruction de l'affaire fut confiée au citoyen Daubenton, juge de paix de la section du Pont-Neuf, officier de police judiciaire actif, sévère autant qu'intègre. Dès qu'il eut vu et entendu Guesnot, il comprit qu'il n'avait pas devant lui un assassin et un voleur. Il était tout naturel que Guesnot logeât chez Golier et chez Richard. Richard était son compatriote. Golier était son collègue. D'ailleurs il avait une excellente situation et des antécédents irréprochables. Il en était de même de Golier. Ils furent renvoyés de la poursuite.

Le lendemain de son interrogatoire, Guesnot se rendait au bureau central pour y reprendre ses papiers. Chemin faisant il rencontra un de ses amis et compatriotes. C'était le citoyen Lesurques, dont la sympathique figure se détache douloureuse au milieu des tristes héros de ce drame lugubre.

Lesurques était né à Douai. Tout jeune, il avait servi dans le régiment d'Auvergne où il avait obtenu le grade de sergent. Il avait quitté le service en 1789. Très-intelligent, homme d'action et d'initiative, il était devenu chef du bureau du district de Douai. Il s'était marié et avait trouvé une fortune rapide dans l'achat et la revente des biens du clergé et des émigrés. Il avait quitté Douai en 1795. Il aimait le mouvement, le luxe, les arts;

il était venu à Paris pour y vivre au contact de ce qui flattait ses goûts, et pour donner à ses trois enfants une éducation nouvelle. Il avait loué un appartement rue Montmartre n° 255 ; ce local était en réparations. Lesurques demeurait provisoirement chez un de ses cousins qui portait le même nom que lui et habitait le n° 38 de la rue Montorgueil. Il avait environ dix mille livres de rente. Instruit, causeur, élégant, il s'était créé de nombreuses et honorables relations. Il fréquentait des poëtes, des artistes ; il était l'ami de deux peintres de talent, Baudard et Hilaire Ledru. Guesnot était son compatriote et de plus son ami d'enfance. Ils se rencontraient toujours avec le plus vif plaisir.

Tout en causant, Guesnot et Lesurques étaient arrivés devant le bureau central. Guesnot avait commencé le récit de ce qui lui était arrivé. Il invita Lesurques à le suivre dans le bureau du juge Daubenton, en lui disant qu'en sortant il finirait de lui conter ses aventures. Lesurques qui était pressé s'excusa d'abord, puis finit par se laisser entraîner. Il entra avec Guesnot dans l'antichambre du juge de paix. Dès ce moment, il fut perdu. Il était sur le seuil de la mort.

Une vingtaine de paysans, les témoins de Montgeron et de Lieursaint, appelés pour être interrogés, se trouvaient dans l'antichambre du juge de paix. Guesnot et Lesurques s'assirent sur un banc et Guesnot continua à entretenir son ami de l'horrible assassinat dans lequel il avait failli être compromis. Les deux nouveaux venus furent remarqués par les témoins. Tout à coup, deux femmes poussèrent un cri en les montrant du doigt, puis se parlèrent bas, avec une vive émotion, leur regard effrayé toujours tourné vers les deux amis. Ces femmes étaient la fille Grosse-Tête, servante chez l'aubergiste Evrard, à Montgeron, et la fille Santon, domestique de la femme Châtelain, limonadière.

Le citoyen Daubenton a raconté dans un rapport comment il fut contraint d'envelopper Lesurques dans l'accusation : « A l'instant, dit-il, où j'arrivais au bureau central pour prendre connaissance de tous les renseignements relatifs à cette affaire, le nommé Guesnot se présenta pour ravoir ses papiers; je le remis au lendemain, après que j'en aurais fait l'examen. Mon premier soin fut de rechercher, de rassembler les noms des témoins indispensables à l'instruction dont je me trouvais chargé. Je donnai l'ordre au sieur Heudon, officier de paix, de partir sur-le-champ et de me ramener les témoins que je lui indiquai.' Le lendemain, averti que tous les témoins que j'avais demandés étaient arrivés, je me rendis au bureau central pour les entendre. A peine étais-

je dans le cabinet où je devais travailler, que
l'officier de paix vint me dire que deux des témoins, deux femmes qu'il avait amenées de
Montgeron venaient de reconnaître, dans la salle
d'à côté, deux des hommes qui avaient dîné et
pris le café à Montgeron, le jour même de l'assassinat du courrier, et qu'on soupçonnait de
l'avoir commis. J'étais déjà bien connu par le
zèle, l'activité et surtout par la sévérité avec laquelle je poursuivais habituellement toutes sortes
de malfaiteurs; il me parut inconcevable que
deux des assassins du courrier de Lyon pussent
avoir assez d'audace pour venir se mettre aussi
hardiment sous ma main. Je fus tellement frappé
de cette réflexion qu'elle m'échappa involontai-
rement, et tout haut, en présence des gendarmes
et autres agents de police qui étaient alors avec
moi. Je dis à l'officier de paix de faire entrer une
de ces femmes. Je lui demandai si elle était sûre
d'avoir reconnu dans la chambre qui précédait
mon cabinet deux des hommes qu'elle avait vus
à Montgeron le jour de l'assassinat. Cette femme
m'assura qu'elle ne se trompait pas. Je me fis
amener l'autre femme, je lui fis la même question qu'à la première; elle me fit la même réponse. L'étonnement que m'avait causé l'annonce
d'un événement aussi extraordinaire n'étant pas
encore dissipé, je me permis de faire à ces deux

femmes la même observation que j'avais déjà faite à tous ceux qui m'entouraient dans le lieu où j'étais, avant que je les y eusse appelées. Je leur dis que j'allais faire entrer ces deux hommes l'un après l'autre : je les invitai à les bien examiner encore en ma présence ; je leur dis de faire bien attention à eux et de prendre bien garde à se tromper, parce que leurs déclarations pourraient conduire ces deux hommes à la mort. Je fis donc appeler un des deux particuliers que ces femmes avaient désignés à l'officier de paix : c'était le nommé Guesnot, amené de Château-Thierry et à qui j'avais promis de remettre ses papiers après que je les aurais examinés. Stupéfait alors de l'aventure qui me forçait à m'occuper de lui plus que je ne l'aurais cru, j'eus cependant assez de force pour cacher l'impression contraire aux déclarations de ces femmes, que j'éprouvais, et qui me portait à ne faire aucun cas de ces déclarations. Je lui demandai ce qu'il venait faire au bureau central. Il me répondit qu'il venait demander ses papiers que j'avais promis de lui rendre ce même jour ; qu'il était accompagné d'un de ses amis de Douai, son pays, nommé Lesurques, qu'il avait rencontré chemin faisant. Je fis entrer l'autre particulier désigné par les deux femmes de Montgeron qui étaient assises à côté de moi ; c'était Lesurques, dont m'avait parlé Guesnot. Je causai avec ces deux particuliers assez longtemps, et je les renvoyai dans l'autre pièce, avec l'ordre secret, à l'officier de paix, de les garder à vue. Lorsqu'ils furent sortis, je demandai à ces deux femmes si elles persistaient dans les déclarations qu'elles m'avaient faites. Elles me répondirent toutes deux qu'elles ne se trompaient pas. »

On voit dans ce rapport percer l'opinion bien arrêtée de l'homme qui a la conscience de l'innocence de Lesurques, du juge contraint de remplir un devoir auquel une fatalité l'oblige. Le citoyen Daubenton, devant les assertions réitérées des deux servantes de Montgeron ne put s'empêcher de faire arrêter Guesnot et Lesurques. Lorsque l'officier de paix Heudon avait averti Lesurques et son ami que le juge les demandait, grand avait été l'étonnement de Lesurques; à son arrestation, cet étonnement devint de la stupeur. Il ne comprenait rien à ce qui se passait. Il était loin de soupçonner le sort qui l'attendait.

« Faites bien attention à ce que vous dites, avait dit le juge aux deux témoins; des deux hommes que vous reconnaissez, l'un a été soupçonné, et rien ne le forçait, s'il était coupable, à revenir ici; l'autre, le blond, n'a jamais été mis en cause, et sa présence ici serait encore plus inexplicable. Les scélérats ne viennent pas d'ordinaire au bureau de police après avoir commis

un crime. » Une seconde fois il leur recommanda
de bien peser leur déposition, en leur faisant
comprendre quelles allaient en être les consé-
quences. Les deux femmes persistent. Daubenton,
en qui la vérité parlait tout bas, mais que dirigeait
le devoir, examina les divers signalements re-
cueillis sur les prétendus assassins du courrier de
Lyon. Terrible coïncidence ! Deux de ces signalements semblaient être ceux de Guesnot et de Lesurques. Les témoins disaient reconnaître surtout
ce dernier.

« Quatre particuliers, dit la femme Santon, servante au café Châtelain, à Montgeron, sont entrés
le 8 floréal, présent mois, chez Châtelain et ont
demandé du café ; comme il n'y en avait pas de
fait, ils ont attendu qu'il fut prêt et ont joué au
billard ; ils ont payé leur café 2 fr. 50 c., et sont
allés à cheval du côté de Lieursaint. Je viens de
reconnaître dans la pièce qui précède un jeune
homme blond, ayant une rédingote bleue avec un
gilet blanc, pâle de figure, pour être celui qui a
offert de payer la dépense en assignats, laquelle
dépense a été payée en numéraire par un autre
plus grand ; j'ai reconnu aussi, dans la même
pièce, un autre particulier portant un gilet jaune
et qui était de la même compagnie. »

De son coté, la servante de l'aubergiste Évrard
la femme Grossetête, déclarait « que le 8 floréal,

un particulier à cheval était descendu à l'auberge de la *Chasse*, à Montgeron ; qu'il avait demandé la soupe et une demi-bouteille de vin ; que, pendant qu'on préparait la soupe, il était sorti en dehors de la maison, et bientôt était rentré en ordonnant un dîner pour quatre ; que, environ un quart d'heure après, trois autres particuliers aussi à cheval étaient arrivés ensemble ; qu'ils s'étaient joints au premier et avaient dîné ; qu'après ils avaient demandé des pommes ; qu'on leur avait répondu qu'il n'y en avait pas ; qu'ils avaient dit : « Puisqu'il n'y a pas de dessert, nous voulons du café en place. » Qu'alors le garçon leur avait indiqué la maison Châtelain et qu'ils y étaient allés, qu'elle venait de reconnaître dans la pièce à coté deux des particuliers dont elle parlait : un blond, pâle de figure, et l'autre, plus grand, auquel elle avait été chercher des pipes et du tabac. »

Le jeune homme blond dont parlent ces deux femmes était Lesurques. Le juge Daubenton se perdait en conjectures. Quelque chose lui disait, malgré tout, que ces deux hommes n'étaient pas coupables. D'autre part, des circonstances singulières se réunissaient contre eux et les impliquaient assez clairement dans l'assassinat. Guesnot connaissait Courriol, et Lesurques était l'ami de Guesnot. Courriol était reconnu comme un des assassins du courrier et deux témoins étaient venus, là, spontanément, signaler Guesnot et Lesurques comme deux des cavaliers remarqués sur la route de Melun. Malgré les doutes qui persistaient à assiéger son esprit, le juge n'avait pu hésiter à faire arrêter les deux amis. Il procéda, à leur interrogatoire.

Voici la réponse de Guesnot : « j'ai trente-deux ans ; je suis préposé aux transports militaires. Je suis venu à Paris pour rechercher trois caisses d'argenterie que j'avais confiées à un voiturier pour les remettre à l'agence monétaire, et qui n'y ont pas été remises. J'ai logé chez Richard marchand bijoutier, mon compatriote ; je suis allé deux fois à Château-Thierry chez Golier, mon collègue, préposé aux transports militaires. Je n'ai connue Courriol que pour l'avoir vu chez Richard ; c'est Golier qui étant venu déjeuner avec moi et s'étant rencontré avec Courriol qui parlait de son départ pour Troyes, l'engagea à passer par Château-Thierry. Je connais Lesurques qui est de la même ville que moi et avec qui j'ai été élevé. Lesurques est riche ; il a acquis des domaines nationaux, et ne se cache pas de dire qu'il doit son bien-être à la Révolution. »

Vint le tour de Lesurques. Le juge Daubenton lui demanda ses papiers. Lesurques n'avait pas de passe-port ; il exhiba une carte de sûreté ; par une étrange fatalité, quoiqu'elle portât son nom, elle ne lui appartenait pas ; c'était celle de son cousin chez qui il habitait. Ceci ne fit qu'aumenter les soupçons ; de plus on trouva sur lui une deuxième carte de sûreté en blanc : présomption de plus !

Il répondit à l'interrogatoire du juge Daubenton : « Je me nomme Joseph Lesurqnes. Je suis né à Douai, je suis rentier et âgé de trente-cinq ans. Je connais particulièrement Guesnot avec qui j'ai été élevé. Je ne sais au juste depuis quelle époque il est à Paris ; je l'ai rencontré vers la fin du mois dernier au Palais-Egalité avant son voyage à Château-Thierry ; je l'ai vu depuis qu'il est revenu, c'est-à-dire avant-hier après-dîner. Je n'ai jamais fait de voyage aux environs de Paris avec Guesnot ; je ne suis pas sorti de la capitale depuis un an que j'y suis. Je n'ai pas davantage vu Guesnot le 8 de ce mois et ne suis pas sorti avec lui. Je suis sorti du régiment ci-devant d'Auvergne en 1789 ; j'ai acquis différentsbiens nationaux dont j'ai revendu une partie ; ce qui m'est resté suffit à mon existence. Je connais le citoyen Richard parce qu'il est de Douai ; je connais plus particulièrement sa famille. Je l'avais perdu de vue, mais Guesnot, depuis qu'il est venu à Paris, m'a mené dîner chez ce citoyen, le mois dernier. Guesnot m'a encore invité à dé-

jeuner une autre fois chez Richard ; la femme de
ce dernier et Guesnot sont venus dîner une fois
chez moi, mais je ne puis préciser les époques de
ces différentes entrevues. Je ne suis jamais sorti
de Paris depuis que j'y habite. Je n'ai jamais
monté à cheval à Paris, ni découché. Je ne sais
si je connais Courriol ; je ne connais pas ce nom-
là ; c'est peut-être la première fois que je l'en-
tends prononcer. Quand j'ai dîné chez Richard, il
n'y avait d'autres personnes que sa femme, Guesnot et un bijoutier, homme maigre, à peu près
de ma taille, et sa femme ; je ne me rappelle pas
son nom. Le jour que j'ai déjeuné chez Richard,
j'y ai vu un citoyen qu'on a appelé Étienne et
une femme que j'ai vue aujourd'hui dans les
bureaux ; cet Étienne est un homme noir de figure ; la femme dont je viens de parler passait
pour sa femme. »

— Pourquoi, demanda le juge à Lesurques, êtes-
vous porteur de deux cartes de sûreté : une qui
n'est pas la vôtre, l'autre qui est en blanc ? —
« Une de ces cartes, répondit Lesurques, appartient à un de mes cousins qui l'a laissée chez moi,
l'autre provient de papiers qui m'ont été vendus ;
je ne sais comment cette dernière se trouve sur
moi ; je n'en ai fait et n'avais l'intention d'en
faire aucun usage. » — Pourquoi, depuis onze
mois que vous résidez à Paris ne vous êtes-vous

pas encore muni d'une carte de sûreté ? — « Si je n'ai pas pris de carte de sûreté, c'est que, rentrant de très-bonne heure, je n'ai pas cru nécessaire d'en avoir. J'ai laissé tous mes papiers à Douai chez mon receveur, et c'est la raison pour laquelle je n'ai aucun papier sur moi. »

On trouva dans le portefeuille de Lesurques deux notes énonçant : l'une une somme de 26,770 francs (assignats) pour achats de meubles, l'autre de 33,000 francs pour achats de faïence. A cet égard il donne des renseignements fort exacts.

L'information commença.

Le premier moment de stupeur passé, Lesurques réfléchit à sa position. Il se sentit fatalement perdu dans un dédale de circonstances dont il lui était impossible de découvrir les issues. Il était innocent. Il le disait bien haut, avec l'assurance, la voix et la dignité de l'honnête homme dont la conscience est pure. A quoi pouvait-il attribuer le malheur qui le frappait si cruellement ? Était-il victime de la calomnie ? Il ne pouvait supposer ceci. Il ne se connaissait point d'ennemis et ces braves paysannes de Montgeron n'avaient aucun intérêt à l'accuser. Etait-il victime d'une fatale ressemblance avec un des assassins que la justice recherchait ? Ceci était probable, était même certain. Quoi qu'il en soit, il avait confiance et ne se désespérait pas. La méprise ne pouvait durer ; l'erreur n'était pas la justice. Le véritable coupable allait sans doute être arrêté, et on allait lui faire à lui, innocent, une réparation solennelle. Cependant, il s'était vu brusquement arraché à sa famille, à sa femme, à ses enfants. Beaucoup de personnes pouvaient croire à sa culpabilité. Ces pensées le torturaient. Il fit appel à tous ses amis. Tous vinrent témoigner de son honorabilité, de sa bonne situation de fortune. Lui ne cessait de protester de son innocence. Il soutenait que, le 8 floréal, jour du crime, il avait passé la matinée chez le citoyen Legrand où il était resté jusqu'à deux heures. De là il était allé diner rue Montorgueil. Le soir, à six heures il s'était promené sur les boulevards, avec le citoyen Ledru, un peintre de ses amis. Ils avaient fait la rencontre de Guesnot et tous les trois étaient allés dans un café près de la Comédie italienne. Le peintre Ledru, le citoyen Legrand affirmaient que Lesurques disait vrai et que le 8 floréal ils l'avaient vu à Paris, d'où ils ne pensaient pas qu'il fût sorti.

Richard, qui avait donné asile à Courriol, et Bruer, qui demeurait chez ce dernier, dirent qu'ils connaissaient Courriol, mais ne pouvaient donner aucun renseignement sur un crime dont ils n'étaient pas complices et dont ils n'avaient d'autre connaissance que celle qu'ils avaient acquise par la rumeur publique. Le magistrat demanda à Richard s'il connaissait Lesurques? — Oui, répondit le témoin, il y en a deux. Duquel voulez-vous parler? Si c'est de celui qui a été employé à Douai, il vit de son revenu; il a acheté des biens qu'il afferme à présent. A vous dire le vrai, je ne l'ai pas beaucoup fréquenté depuis qu'il est ici. Ce que je puis certifier, c'est que je ne suis jamais allé à la campagne avec lui.

Cette dernière réponse, si elle ne prouvait pas l'innocence de Lesurques, ne prouvait en aucune façon sa participation au crime. Dans une seconde déposition, le citoyen Legrand, qui avait affirmée avoir vu Lesurques le 8 floréal, se contredit en balbutiant : « je ne puis certifier l'avoir vu ; je n'en suis sûr que d'après mon livre. » Legrand était un homme faible, timide. La justice lui en imposait ; il avait peur d'être compromis ; cette peur ridicule qui peut avoir de si tristes résultats dans les plus graves occasions ! Le crime de Lieursaint occupait tout Paris, déjà inquiété par les brigands de toute espèce qui pillaient et massacraient tout aux alentours. Legrand, en peureux qu'il était, s'effrayait à l'idée même du crime commis. Les charges qui accablaient Lesurques avaient jeté un certain trouble dans son esprit. Cependant plusieurs autres témoins affirmaient avoir vu l'accusé à Paris le 8 floréal, entre autres, les ouvriers qui travaillaient à son appartement de la rue Montmartre.

Nous avons dit la réponse de Guesnot au juge. Le 8 floréal il était revenu de Château-Thierry avec le citoyen Golier, qui était alors venu le voir à son domicile, chez Richard. Le 10 il avait déjeuné avec Golier et Richard, chez ce dernier. Il y avait à ce repas un personnage qu'il ne connaissait pas, qu'on appelait Étienne et qu'il apprit se nommer Courriol. Ce citoyen parlait d'un voyage qu'il se proposait de faire à Troyes. Voilà comment il avait connu Courriol. Une preuve vint, un moment, appuyer l'accusation dirigée contre lui : on trouva dans ses papiers une note où il était question de quatre chevaux. Il prouva facilement que c'étaient quatre chevaux appartenant à un voiturier de Meaux qu'il avait fait mettre en fourrière à la Chapelle-Saint-Denis.

Ainsi, d'un côté pour Guesnot comme pour Lesurques, des accusations formelles ; de l'autre des assertions établissant l'alibi. L'affaire était sombre, mais, il faut le dire, les dires des accusateurs avaient plus de poids que les déclarations des témoins à décharge. Lesurques surtout était accablé par de nombreux témoignages. Les femmes Santon et Grossetête persistaient à reconnaître en lui l'homme à la redingote bleue, au gilet blanc, aux cheveux blonds. D'autres témoins, les époux Champeaux cabaretiers à Lieursaint, le reconnurent aussi pour un grand cavalier blond qui avait raccommodé chez eux avec du fil blanc un chaînon de son éperon qu'il avait cassé. Cette déposition fut surtout une de celles qui amenèrent la condamnation de l'infortuné que soutenaient avoir vu et reconnaître des gens de bonne foi, sans doute, mais que jamais lui n'avait vus; à qui il n'avait jamais parlé.

Courriol était évidemment coupable. Il avait été fort embarrassé en répondant aux questions qui lui avaient été posées sur l'emploi de son temps et les sommes et valeurs saisies sur lui. Il était reconnu par la femme Grossetête et la femme Santon ; par Jean Delafolie, garçon d'écurie chez Évrard, à Montgeron ; par Champeaux, cabaretier à Lieursaint où il avait oublié dans l'écurie son sabre qu'il était venu reprendre, sabre trouvé sur le lieu du crime et que reconnut le témoin. Cependant il niait énergiquement; il ne fallut rien moins que les déclarations de sa maîtresse Madeleine Bréban, avec laquelle il vivait maritalement, pour le confondre. Le juge Daubenton avait vu dans cette fille, arrêtée en même temps que Courriol, un témoin précieux pour l'accusation. Il lui fit comprendre qu'elle avait tout à gagner en disant la vérité, tout à perdre en trompant la justice. La franchise seule pouvait l'empêcher d'être comprise parmi les complices de l'assassinat. Elle parla et Courriol fut confondu. La Bréban déclara que le 8 floréal, de très-grand matin, Courriol lui disant qu'il allait à la campagne était parti avec sa valise et ses pistolets. Le 10, elle ne l'avait pas revu encore, elle était fort inquiète, lorsque Bernard vint lui dire que son amant l'attendait rue Croix-des-Petits-Champs, à l'hôtel de la Paix, et la priait de lui apporter de quoi se changer complétement. La Bréban se rendit, avec les vêtements demandés, vers Courriol. Elle le trouva en effet à cet hôtel, dans le logement d'un sieur Dubosc; il était en chemise et portait un pantalon de peau. Le lendemain, brusquement, Courriol et sa maîtresse changeaient encore de logement; dix jours après ils partaient pour Troyes. La Brébán, interrogée au sujet des différents accusés, répondit qu'elle avait vu quelquefois Richard chez Courriol, qu'elle avait rencontré Guesnot par occasion; Bruer était un vieillard que Courriol avait pris chez lui; quant à Lesurques, elle ne le connaissait pas et ne l'avait jamais vu. On lui montra le sabre ramassé au *Closeau*; elle crut reconnaître celui de Courriol. Elle ajouta que Courriol voyait beaucoup de monde, mais qu'il fréquentait particulièrement le sieur Dubosc, chez qui elle l'avait trouvé rue Croix-des-Petits-Champs, et les nommés Vidal, Roussy et Durochat.

Ainsi, elle ne connaissait pas Lesurques. Sa déposition accablante pour son amant était une voix de plus en faveur de ce malheureux. Bernard et Bruer déposèrent également qu'ils ne le connaissaient pas du tout. Et la Bréban vivait maritalement avec Courriol, connaissait toutes ses fréquentations ! Bruer, Bernard auraient certainement rencontré Lesurques s'il eût fréquenté Courriol. C'était là ce qui intriguait le juge Daubenton et le faisait profondément réfléchir. Il avait déjà pour Guesnot et Lesurques une involontaire sympathie et il traitait ce dernier avec tous les ménagements possibles. Les charges qui s'élevaient contre lui était accablantes ; mais aussi les témoignages à décharge avaient un tel caractère qu'on était tenté de les croire. Lesurques était venu au bureau central lorsque rien ne l'y forçait ; les coupables viennent-ils ainsi braver les regards de la justice qui les recherche ? Le juge Daubenton se disait tout ceci. Il entrevoyait un mystère qu'il ne pouvait pénétrer ; il eut le pressentiment qu'une grande erreur judiciaire allait être commise.

Pendant que l'instruction continuait, activement

menée , Lesurques commençait à comprendre toute l'horreur de sa situation. Il se débattait dans les bras de cette sinistre accusation qui l'enveloppait et fermait la bouche à la vérité. Il invoquait son passé, son honorabilité, le témoignage de ses relations et de ses amis de Douai. Voici une lettre qu'il écrivit alors, où avec le calme d'une conscience tranquille, il raconte le malheur qui le frappe :

« Mon ami, — depuis que je suis à Paris, je n'ai éprouvé que des désagréments ; mais je ne m'attendais pas et ne pouvais m'attendre au malheur qui m'accable aujourd'hui. Tu me connais et tu sais si je suis capable de me souiller d'un crime : eh bien ! le plus affreux m'est imputé. Sa seule pensée me fait frissonner. Je me trouve impliqué dans l'affaire de l'assassinat du courrier de Lyon. Trois femmes et deux hommes que je ne connais pas, ni même le lieu de leur domicile (car tu sais que je ne suis pas sorti de Paris) ont eu l'impudence de déclarer qu'ils me reconnaissaient, et que je m'étais présenté chez eux, à cheval.

« Tu sais aussi que je n'y ai pas monté depuis que je suis à Paris. Tu comprends de quelle importance est une pareille déposition, qui ne tend à rien moins qu'à me faire assassiner juridiquement, oblige-moi de m'aider de ta mémoire et tâche de te rappeler où j'étais et quelles sont les personnes que j'ai vues à Paris à l'époque où l'on me soutient impudemment m'avoir vu dehors Paris (je crois que c'était le 7 ou le 8 du mois dernier), afin que je puisse confondre ces infâmes calomniateurs et leur faire subir les peines prescrites par les lois. » — « Lesurques. »

L'homme qui écrivait cette lettre était en effet bien malheureux. Il se savait innocent et des témoignages implacables l'accusaient, le désignaient comme le principal auteur du crime. Confronté avec ses accusateurs, ils persistaient plus que jamais à le reconnaître. La femme Santon déclare qu'il s'est trouvé le même jour avec Courriol qu'elle a reconnu, à Montgeron, chez la femme Châtelain, où il a pris du café et joué au billard ; qu'il avait voulu payer le café en assignats et que Courriol avait payé en argent. La femme Grossetête dit qu'il s'est trouvé à Montgeron, le même jour que les deux citoyens (Courriol et Guesnot) qu'elle vient de voir avant lui ; elle croit que c'est à lui qu'elle a servi de la soupe. Jean Delafolie le reconnaît parfaitement : c'est lui qui est arrivé le premier à Montgeron sur les midi ou une heure ; il a dîné avec les trois autres qui sont ensuite arrivés ensemble. Champeaux n'hésite pas ; il déclare que c'est bien lui qui était de la compagnie de Courriol :

il a raccommodé à sa maison un de ses éperons avec du fil. La femme Champeaux, aussi, se souvient bien de l'avoir vu à Lieursaint, chez elle, le jour même que le courrier a été assassiné. Ces déclarations étaient précises. La même confrontation eut lieu pour Guesnot, Bruer et Bernard. Les femmes Santon et Grossetête affirmèrent connaître Guesnot. Les époux Champeaux crurent reconnaître Bruer et Bernard.

Cinq prévenus étaient entre les mains de la justice : Lesurques, Courriol, Guesnot, Bernard et Bruer ; plus Richard, poursuivi pour récel. La fille Bréban avait été mise en liberté. On avait des indices suffisants ; l'information fut close. Tout à coup, une ordonnance du directeur du jury d'accusation, casse, le 7 prairial an IV, la procédure du juge Daubenton, parce que les mandats d'arrêt n'avaient pas été notifiés aux prévenus. Les prévenus furent renvoyés devant le juge de paix du canton de Melun pour y être interrogés de nouveau. L'affaire entrait dans une nouvelle phase. La procédure déjà si compliquée allait devenir plus ténébreuse et plus tortueuse encore.

II

Le juge de paix de Melun procéda à l'interrogatoire des prévenus, et délivra de nouveaux mandats d'arrêt. Remarquons les deux réponses suivantes faites au juge par Lesurques et Guesnot , qui ne varient jamais dans leurs dépositions : « Où étiez-vous le 8 floréal ? » demanda-t-on à Lesurques. Celui-ci répond : « Le matin, je suis allé chez le citoyen Legrand, orfévre-bijoutier aux galeries de bois, au Palais-Égalité ; j'y suis resté jusqu'à une heure et demie ; j'ai rentré dîner chez Lesurques, mon parent, chez qui je demeurais, et où j'ai dîné avec le citoyen Hilaire, dessinateur, et quelques personnes. De là, j'ai été sur les boulevards avec Hilaire, où j'ai rencontré Guesnot vers les Italiens, et j'ai bu un verre de liqueur avec eux. Ensuite, j'ai rentré chez moi, j'y ai soupé et je me suis couché à mon heure ordinaire. » Guesnot raconte ainsi l'emploi de son temps : « A six heures, le citoyen Chenu me quitta. Je fus chez le nommé Polu, entrepreneur ; chemin faisant, sur les boulevards, j'ai rencontré le citoyen Lesurques, ren-

tier à Paris, et le citoyen Hilaire, artiste, auxquels
je fis part que j'arrivais de Château-Thierry,
et que j'allais chez le citoyen Polu, et j'ai même
pris un petit verre avec eux sur ledit boulevard,
à sept heures environ. »

La procédure fut confiée au citoyen Menessier,
directeur du jury d'accusation de Melun. « Le
directeur du jury, dit M. Fouquier, l'auteur
érudit des *Causes célèbres*, reprit l'enquête en sous-
œuvre. C'est toujours, en matière criminelle une
source d'erreurs singulières qu'une instruction
tardive ; or, l'instruction de l'affaire du 8 floréal
prit ce caractère, du jour où celle qu'avait faite
le citoyen Daubenton fut considérée comme nulle
et non avenue. Les impressions faites sur le magistrat de Paris, par l'attitude des deux prévenus
Lesurques et Guesnot, si différents de leurs prétendus complices par le milieu tout honorable
dans lequel ils avaient vécu, par la signification
morale de leurs situations, de leur conduite,
tout cela n'exista plus pour le magistrat de Melun. Placé plus près du théâtre du crime, plus
désireux encore d'obtenir une répression terrible,
il prit pour point de départ les témoignages lo-
caux, sans se préoccuper sérieusement des témoignages contraires. Il y avait eu cinq assassins
au Closeau ; on lui présentait cinq prévenus ;
c'était donc les assassins ou au moins leurs com-

plices, puis que Laborde était contumax. Voilà tout ce que vit le magistrat de Melun. » Ce magistrat entendit de nouveaux témoins, en les confrontant avec les accusés. Le sieur Alfroy, pépiniériste à Lieursaint, déposa qu'il avait vu, « le 8 floréal, entre huit et neuf heures du soir deux personnes qui se tenaient sous le bras vis-à-vis la grande porte de l'auberge du *Cheval blanc*. L'un de ces deux citoyens était habillé en bleu, portait un chapeau rond, était blond de cheveux. Il s'était approché de ce citoyen parce qu'il avait cru que c'était le frère du maître de poste de Melun. Parmi les six prévenus présents, la personne à qui il appliquait ces observations était celui des prévenus connu sous le nom de Lesurques. Cependant, comme il faisait un peu sombre, il ne peut pas l'affirmer. » Une chose qu'on ne peut affirmer n'est pas une preuve. La déclaration de la femme Alfroy est plus précise que celle de son mari : « Le 8 floréal, elle vit deux particuliers, l'un brun et l'autre blond, passer dans l'après-midi, trois fois devant sa porte, la première fois entre quatre heures et quatre heures et demie, la deuxième entre cinq heures et cinq heures et demie. Elle remarqua parfaitement ces particuliers : l'un avait une redingote brune tirant sur le marron, l'autre était vêtu d'un habit bleu. Parmi les six prévenus présents, elle affirme que les citoyens désignés sous les noms d'Étienne Courriol et de Lesurques, sont précisément ceux qu'elle a vus par trois fois passer devant sa porte, à pied, et que l'un d'eux portait une badine ou petit fouet. » Plusieurs autres témoins reconnaissent ou croient reconnaître Courriol et Lesurques. Quelques-uns croient aussi avoir vu Guesnot et Bruer. Aucun ne reconnaît Bernard.

Cependant le magistrat instructeur avait demandé à Douai des renseignements sur Lesurques. Le commissaire du pouvoir exécutif près la municipalité de Douai répondit des choses vraies et des inexactitudes. Ainsi il cite Lesurques comme un homme généreux à l'excès, très-sociable, fort capable, mais dissipateur et qui finira après avoir dépensé les biens qu'il a acquis, par retourner *à ses vieux habits*. D'ailleurs, dit-il, Lesurques n'a acquis qu'une fortune médiocre, qui pourrait le faire vivre bien à l'aise, en conservant, toutefois, toujours une place. — Au contraire, il était établi que Lesurques possédait au moins dix mille livres de rente. — Enfin, dit en terminant le commissaire, depuis deux ans les mœurs de Lesurques n'ont pas été sans reproche ; on l'a vu avec peine délaisser sa femme et s'amuser avec des comédiennes, faire des courses de chevaux et autres sottises de ce genre...

Quand même cela eût été vrai, cela ne prouvait pas la culpabilité de Lesurques. A notre avis, cette pièce très-peu utile à l'accusation n'a d'intérêt que pour son grotesque. Un homme généreux à l'excès, très-sociable, galant et qui aime à monter à cheval n'est pas pour cela un assassin.

Les six prévenus furent traduits devant le jury d'accusation de Melun. Le magistrat Menessier dressa l'acte d'accusation. Cet acte, en date du 9 messidor, constate d'abord l'assassinat du courrier de Lyon par quatre cavaliers aidés d'un voyageur qui avait pris place dans la voiture. Il était à peu près huit heures et demie du soir, lorsque le courrier partit de Lieursaint à trois quarts de lieue de là, entre une auberge que l'on nomme la *Fontaine ronde* et une autre appelée le *Commissaire général*; quatre hommes à cheval arrêtèrent le postillon, détournèrent la voiture et l'emmenèrent vers un petit bois qui est hors de la route, à quelque distance de ces auberges. Arrivés là, ils massacrèrent de la manière la plus cruelle Étienne Audebert, postillon, qui paraît s'être vigoureusement défendu ; ils lui ouvrirent le crâne d'un coup de sabre, lui abattirent une main et lui percèrent le corps de trois coups mortels. Pendant ce temps, Laborde (le voyageur), qui était d'intelligence avec les brigands, assassinait de trois coups de poignard, le courrier

Excoffon dans la voiture, et lui coupait le col... Les assassins s'emparèrent des sommes et des valeurs que contenait la voiture...

L'acte examine ensuite les déclarations recueillies sur chacun des prévenus. Des charges accablantes sont relevées contre Courriol. Il est prouvé qu'il n'a pas couché chez lui la nuit du 8 au 9 floréal; il n'est rentré que le lendemain dans la matinée. Il a été reconnu par un grand nombre de témoins sur la route de Montgeron à Melun ; il a laissé son sabre chez Champeaux à Lieursaint et l'est venu reprendre à l'heure où le courrier devait arriver. A cet instant, il a laissé à peine le temps de brider son cheval et est allé au grand galop rejoindre ses trois camarades qui étaient en avant. Son sabre, cassé et ensanglanté, reconnu par plusieurs témoins a été retrouvé sur le lieu de l'assassinat, et le pantalon de daim qu'il avoue avoir porté le 8 floréal est maculé de sang. C'est lui qui a ramené les quatre chevaux chez Muiron. Enfin, on a saisi sur lui des valeurs et des bijoux représentant environ la cinquième partie des sommes et objets volés au courrier, et la déclaration de sa maîtresse ne laisse aucun doute sur sa culpabilité.

Guesnot, continue l'acte, quoique déjà fortement soupçonné, eut l'audace de revenir de Château-Thierry dans la voiture de Bernard, celle

dans laquelle Courriol et la Bréban s'étaient enfuis de Paris. C'est pour ainsi dire par miracle
qu'il était resté libre ; ses assiduités au bureau
central, toutes les fois que Courriol devait y pa-
raître, n'avaient pas donné l'éveil à la police et
s'il a été arrêté, ainsi que Lesurques, ce n'est
que par suite d'un de ces événements ménagés
par la Providence !... Il dit qu'il est arrivé à
Château-Thierry, tantôt le 8, tantôt le 9 floréal,
suivant qu'il croit ces dates plus utiles à sa jus-
tification ; il invoque le témoignage de Richard
pour prouver qu'il a couché chez lui la nuit du
8 au 9 ; Richard, pour prouver que lui aussi a
couché cette nuit-là à Paris, invoque le témoignage de Guesnot. Ce dernier, d'ailleurs, est reconnu de la manière la plus décidée par plusieurs
témoins. Mais quelque chose de plus fort encore ;
s'il est possible, c'est que n'étant point encore au
nombre des prévenus, il est reconnu au bureau
central par deux domestiques, par des témoins
sans intérêt et irréprochables... Le 9, il se réfugie
chez Richard où se réfugie aussi Courriol... Le 16,
il va à Château-Thierry pour y attendre Courriol qui arrive le 18 chez Golier, ami de Guesnot. Avec Lesurques, il sollicite au bureau central pour Courriol et ne le quitte pour ainsi dire
pas depuis qu'il est arrêté. En vain il soutient
que, le 8 floréal, il dînait avec le citoyen Clé-

ment, l'un des administrateurs du bureau central ; celui-ci, sous les yeux de qui il a pour ainsi dire été arrêté, n'a point songé à le réclamer. Guesnot est donc un des assassins ou au moins un des complices...

On sent, dans cet acte d'accusation, percer le parti pris du magistrat qui ne veut voir, quand même, que des coupables dans tous les accusés. Voilà Guesnot montré comme un criminel-adroit, venant au bureau central épier les gestes de son complice Courriol, pendant que, comme on le sait, il y venait pour son propre compte) et arrêté enfin par un coup de la Providence ! Et pourtant Guesnot devait, plus heureux que Lesurques, sortir innocent et triomphant des mains de la justice.

Il est ensuite question de Laborde et il est établi qu'il est l'assassin d'Excoffon.

Voilà comment sur le compte de Lesurques s'exprime cet étrange acte d'accusation : « Six témoins déposent contre lui de la manière la plus énergique. Les uns l'ont vu, ce jour-là même, 8 floréal, dîner à Montgeron avec Courriol et Guesnot, puis aller avec eux prendre son café. Et qui atteste ces faits ? Ce sont les domestiques qui les ont servis chez l'aubergiste chez lequel il ont dîné et au café où ils ont été ensuite ; c'est un citoyen qui, sans nul autre intérêt dans cette affaire que celui de la vérité, assure avoir dîné ce jour-là même avec eux et avoir parfaitement bien remarqué Lesurques et un éperon d'argent ou argenté à ressort, qu'il montrait à Guesnot et dont il lui vantait l'avantage ; et cet éperon s'est trouvé sur le lieu même où l'assassinat s'est commis. Lesurques était avec ses camarades à Lieursaint ; trois témoins déposent le reconnaître et l'y avoir vu parfaitement, et l'aubergiste chez qui ils se sont arrêtés à Lieursaint dépose qu'un d'entre eux a raccommodé son éperon avec du fil, et l'éperon de Lesurques, trouvé sur le champ de bataille et déposé comme pièce de conviction est raccommodé avec du fil. Enfin, un autre témoin dépose avoir vu passer trois fois dans la soirée Courriol et Lesurques devant sa porte à Lieursaint, et c'est un fait constant au procès que Courriol et ses camarades sont restés fort longtemps à Lieursaint, et il est certain qu'il n'a pas passé la nuit dans son domicile. Si l'on demande maintenant à Joseph Lesurques où il a passé l'après-midi du 8 floréal et la nuit qui l'a suivi, il répond que c'est à Paris et rien ne le prouve. Enfin, il est arrêté au bureau central sur la confrontation de son signalement avec celui des assassins du courrier et la déclaration spontanée de deux témoins. Si on lui demande son passe-port ou sa carte de sûreté, il est forcé d'avouer qu'il n'en a pas, quoiqu'il demeure depuis près d'un an à Paris, et il se trouve dans sa poche deux cartes de sûreté, dont une sous le nom de Lesurques et l'autre en blanc, mais revêtue des signatures du président et du secrétaire de la section, et, par conséquent, dans le cas d'être remplie à toute heure par tel personne que ce soit. Si on lui demande pourquoi il est porteur de ces cartes, il répond, relativement à la première, que c'est la carte de son cousin qui se trouve par mégarde dans sa poche, et qu'à l'égard de la seconde, qui par parenthèse est très-bien conservée, c'est un chiffon qui fait partie de vieux papiers achetés par son cousin. Si, à tout cela, on ajoute que, depuis le crime commis, il a constamment vu Guesnot, Richard, Courriol et Bruer ; qu'il n'a cessé de les voir jusqu'à leur départ pour Château-Thierry ; que depuis leur retour il n'a pas quitté Guesnot ; enfin qu'il fait à Paris une dépense considérable et beaucoup au-dessus de la fortune qu'on lui connaît à Douai, ville dans laquelle il prétend s'être beaucoup enrichi depuis la Révolution par l'acquisition et revente des biens nationaux, il ne restera aucun doute qu'il ne soit un des assassins ou du moins un des complices et qu'il n'ait partagé avec eux le fruit de leur crime. »

Plus loin, l'acte d'accusation ajoute : « Joseph

Lesurques, sergent au régiment d'Auvergne en 1789, prétend avoir fait dans l'acquisition et la revente des biens nationaux une fortune considérable qu'il porte à 10,000 livres de rente valeur métallique, et il est démenti sur ce fait par les autorités constituées de son pays qui disent qu'il a fait une fortune suffisante pour vivre aisément en travaillant. »

Ce qui est démenti encore plus formellement que l'assertion de Lesurques, c'est la prétention de l'acte d'accusation, rempli d'inexactitudes indignes et qui ne devraient point se trouver dans une pièce d'une si terrible importance. En effet, les moyens d'existence de Lesurques y sont contestés, sa moralité y est suspectée ; et cependant le directeur du jury de Melun avait dans son dossier un certificat daté du 26 prairial an IV de la république, signé par vingt et un des compatriotes de Lesurques, personne des plus dignes de foi ; cette pièce établissait la fortune de Lesurques et constatait son honnête conduite, sa moralité, sa probité. Comment, pourquoi faisait-on si peu de cas d'un pareil témoignage? Pourquoi le citoyen Menessier prenait-il sur lui d'affirmer que Lesurques n'avait pas couché chez lui la nuit du 8 au 9 floréal, pendant que d'irrécusables témoignages affirmaient le contraire? Pourquoi s'appuyait-il sur les relations constantes de Lesurques avec Courriol et Richard, lorsque la fille Bréban et Courriol lui-même démentaient ces relations? Était-ce mauvais vouloir, légèreté, amour-propre de juge qui veut ne pas être soupçonné de pouvoir se tromper ? En face de l'issue de cette affaire, l'esprit s'arrête épouvanté ; la conscience publique, ne voulant pas accuser les juges d'une action que le mot injustice ne saurait assez sévèrement qualifier, ne peut attribuer cette inexcusable imprudence qu'aux troubles qui, à cette époque, tourmentaient encore le pays à peine remis du choc de la terreur.

Quant à Richard, il ne peut, toujours suivant l'acte d'accusation, prouver qu'il ait couché chez lui la nuit du 8 au 9 floréal; il a eu avant le crime des rendez-vous secrets avec Courriol à qui sa demeure a servi d'asile. Il loge aussi chez lui Guesnot et y reçoit Lesurques. Il fait la conduite à Courriol avec Bruer. Il n'est qu'un simple colporteur ; il a cependant chez lui des bijoux, un grand nombre de marchandises et beaucoup d'argent ; ces valeurs, ces marchandises doivent être une partie des dépouilles de la malle de Lyon. Certainement, s'il n'est pas un des assassins, il est leur complice et leur recéleur.

Bruer, lui, n'a pas de moyens d'existence. Il est nourri et logé par Courriol qui en fait ce qu'il veut ; ce sont deux associés. D'ailleurs, quatre témoins ont vu Bruer, le jour du crime sur la route de Paris à Lieursaint, quoique deux autres prétendent que ce jour-là il a couché chez lui. Le 10, il a quitté la maison de Richard pour suivre Courriol qu'il n'a quitté qu'à Bondy. Il est alors revenu chez Richard, où ce dernier et lui ont été arrêtés. Il y a tout lieu de croire que s'il n'a pas personnellemet pris part à l'assassinat, il est au moins complice du vol.

Pour David Bernard, les présomptions qui s'élèvent contre lui ne laissent pas de doute sur sa complicité. Il a été aperçu sur la route de Lieursaint à Melun le jour de l'attentat ; il n'était pas avec Courriol et les autres cavaliers, mais il est parti avec un autre particulier de Lieursaint pour Melun peu de temps avant l'assassinat, et, vraisemblablement, il a dû se trouver dans l'endroit où s'est commis le crime, ou aux environs, au moment de l'assassinat et du vol. Il a prétendu qu'il pouvait établir son alibi ; il ne l'a pas fait. Il a prétendu n'avoir pas eu de relations avec Courriol, puis a avoué, ensuite, que, peu de temps avant le 8 floréal, il lui a prêté un cheval noir que des témoins ont signalé comme étant monté par un des assassins, et qu'il a vendu quatre jours après le crime. Il a prêté à Courriol sa voiture pour s'enfuir de Paris, enfin il a fait, depuis l'assassinat, des dépenses dont on ne l'aurait pas cru capable, vu sa modique position ; il prétend que c'est Courriol qui lui a prêté de l'argent ; quoiqu'il s'en défende, il lui est prouvé qu'il connaît fort bien Courriol et Guesnot ; ce dernier a même écrit de sa main, pour lui, le 16 floréal, une lettre de change qu'il souscrivait à Courriol. Il est donc établi qu'il est complice de l'assassinat et qu'il en a profité.

Cet acte d'accusation où l'on trouve tant d'exagération et si peu de logique résume, en finissant, la condition respective et la moralité de chacun des accusés. Courriol, condamné déjà à vingt-quatre ans de fer et qui s'est évadé, est un agioteur, un déclassé qui vit avec une fille ; Lesurques est un homme de plaisir, prodigue à l'excès, malgré son peu de fortune qui, ne peut lui permettre que de vivre en travaillant ; Richard fait un commerce suspect ; Guesnot, qui se dit ruiné par la Révolution, a des moyens d'existence inconnus ; il prétend ne pouvoir retrouver trois caisses d'argenterie qui lui ont été confiées et qu'il dit avoir été détournées par un voiturier qu'on ne connaît pas ; Bernard est un marchand ambulant, un vagabond, être sans répondants ; Bruer est l'instrument passif de Courriol ; enfin Laborde, dont la justice n'a pu encore s'emparer, a des antécédents déplorables : il a été chassé du Mont-de-Piété, où il était employé ; il a été espion.

Assurément, ces sept hommes reconnus par des témoins désintéressés sont ou les assassins du courrier, ou leurs complices.

Après la lecture de cette pièce il fut demandé au jury s'il y avait lieu à accusation contre les sept prévenus. Le 10 messidor, le jury déclara : Oui, il y a lieu.

Les débats devaient s'ouvrir devant le tribunal criminel de Melun, lorsque, le 20 messidor, les accusés, sur leur requête furent renvoyés devant le tribunal criminel de Paris. Ce fut là que le procès commença le 15 thermidor an VI, sous la présidence de M. Gohier.

Quatre-vingt-trois témoins à décharge avaient été appelés par les accusés : dix par Courriol, quinze par Lesurques, vingt par Guesnot, treize par Richard, vingt et un par Bernard, quatre par Bruer. Le président Gohier n'étudia pas assez sérieusement une affaire qui demandait, pour être menée à juste fin tant de prudence, de calme et de bienveillance. Il s'en rapporta à l'acte d'accusation de Melun. Les déclarations des témoins de Montgeron et de Lieursaint dominèrent dans son esprit les assertions de ceux qui établissaient l'alibi et dans lesquels il ne voulut voir que des témoins complaisants. Et cependant les déclarations des témoins à décharge, pour Lesurques particulièrement, n'avaient pas varié; il n'en était pas de même de celles des témoins de l'accusateur.

La défense de Lesurques consistait tout entière à établir un alibi. Au moment où le premier des témoins appelés par lui faisait sa déposition, il se produisit un incident extraordinaire. Ce témoin était le citoyen Legrand, bijoutier au Palais-Royal, compatriote et ami de Lesurques, qui, dans l'instruction, avait déjà déclaré avoir vu l'accusé le 8 floréal. Lesurques, disait-il, était resté avec lui depuis dix heures du matin jusqu'à deux heures ; ce qui fixait son souvenir, c'est que, ce même jour, il avait livré une cueiller au sieur Aldenhof, bijoutier, et que cette livraison était marquée sur son livre à la date du 8. Legrand avait averti Me *Guinier*, l'avocat de Lesurques, de cette circonstance sur laquelle pouvait victorieusement s'appuyer la défense. N'était-ce pas là une preuve qui mettait à néant toutes les dépositions des témoins à charge! A l'audience, Legrand répéta sa déposition, en invoquant la date inscrite sur son livre. Le président ordonna d'apporter le régistre. Mais une horrible fatalité s'attachait à Lesurques. Dès qu'il eut jeté les yeux sur le livre, le président poussa un cri ; son visage prit une terrible expression, et il jeta sur le témoin un regard courroucé. La date portait un 9 surchargé par un 8. « On trompe la justice, s'écria le président ! » Mᵉ Guinier étonné examine le livre. En apercevant la surcharge, il pâlit et resta immobile de stupéfaction ; il voyait se tourner contre son client cette preuve sur laquelle il avait tant compté pour le rendre à l'honneur et à la liberté. Lesurques eut un affreux serrement de cœur et sa figure devint livide. Quant à Legrand il était confondu et ne savait à quoi attribuer cette falsification de ses écritures. Le président dut faire procéder à l'arrestation du bijoutier. Cependant une idée subite était venue au défenseur de Lesurques : il ne doutait pas de la bonne foi de Legrand. Il se disait qu'il ne devait pas y avoir là de fraude; on eût agi plus habilement, il était assez facile de changer un 9 en 8 sans avoir recours à une surcharge grossière. Il espéra qu'une fois le premier émoi passé, le président se rendrait à ces raisons. Il n'en devait rien être : l'infortuné Lesurques devait subir sa destinée !

Legrand déclarait qu'il ne savait d'où provenait cette surcharge ; il l'ignorait. Des experts, appelés, déclarèrent cependant que le chiffre 8 avait été bien réellement tracé sur le 9. Le lendemain de ce grave incident qui compromettait si fort la défense de Lesurques, le président demanda à Legrand s'il persistait dans sa première déposition. Legrand était prisonnier, nous l'avons dit ;

il avait un caractère très-faible, il tremblait, pâle comme un mort. Il balbutia « qu'il rétractait sa première déposition comme n'étant basée que sur la fausse date qui se trouvait sur ledit registre et dont il n'avait aperçu la falsification que depuis sa première déposition. » Le président demanda à Lesurques s'il avait quelque chose à opposer à cette rétractation du témoin invoqué par lui. Le malheureux, calme et digne, répondit, après avoir d'un long et douloureux regard considéré le livre fatal, qu'il priait les juges de regarder comme nulles et non avenues les premières dépositions de Legrand contredites par cette date ; que d'autres témoins pouvaient prouver que le 8 floréal il n'était pas sorti de Paris.

Legrand, sous l'inculpation de faux fut renvoyé devant le juge de paix de la section du Pont-Neuf. L'audition des témoins à décharge continua. Mais cette circonstance avait porté un coup irréparable à la cause de Lesurques. Le président, déjà très-porté à croire à sa culpabilité, n'en fut que plus affermi dans l'opinion qu'il s'était formée dès le commencement des débats. Il ne put ôter de son esprit qu'on avait voulu faire un mensonge et se jouer de la justice pour lui arracher un coupable. Il se défia dès lors plus que jamais de tous les témoins qui contredisaient l'accusation.

Le bijoutier Aldenhof se rétracta comme Legrand ; il dit qu'il avait cru se souvenir avoir vu l'accusé, le 8 floréal, chez Legrand et avoir dîné chez lui ce jour-là avec Hilaire Ledru et André Lesurques, mais que la date du 8 étant reconnue fausse, il ne pouvait persister à soutenir cette déclaration.

Cependant le peintre Hilaire Ledru déclara que le 8 floréal il avait dîné chez Lesurques ; il se souvenait d'autant plus de cette particularité que c'était la première fois qu'il allait chez son ami. A son arrivée, Lesurques n'était pas chez lui ; il rentra bientôt avec le bijoutier Aldenhof. Après-dîner, on était allé se promené avec Guesnot ; on était entré dans un café où ce dernier avait payé une dette à Lesurques. Enfin, à sept heures et demie, de retour dans la famille Lesurques, ils y avaient soupé en compagnie d'un autre ami nommé Baudard. Cette déposition d'un homme honorable était précise. Mais le livre fatal était là ; les rétractations de Legrand et d'Aldenhof résonnaient encore dans la salle d'audience et à l'oreille du président et du jury. A l'appui de ses assertions, Hilaire Ledru n'avait d'autre preuve que sa parole ; il ne fut pas écouté.

Le sieur Baudard vint après. Il déposa qu'il était chez Lesurques le 8 floréal. Il avait été invité à y dîner pour le 9, mais comme il devait être de garde ce jour-là, il avait pris sur lui d'accepter l'invitation pour le 8. On ne voulut pas le croire.

On ne crut pas davantage André Lesurques, cousin de l'accusé, ni sa femme. Un sieur Dixier, orfèvre, un bijoutier, Chauffer, ne furent pas non plus écoutés. Cinq ouvriers qui certifiaient avoir vu Lesurques, le 8 floréal, dans le logement qu'ils lui restauraient, où, même, il leur avait donné une gratification pour stimuler leur zèle, n'eurent pas plus de succès. Le président s'acharnait à croire Lesurques coupable. Son attitude, pendant tout le temps des débats, fut d'une rudesse qui approchait de la cruauté. Il en imposait aux témoins timides ; c'est ainsi qu'une jeune fille nommé Heurnette Angélique, témoin à décharge de Lesurques, se trouva mal à l'audience, effrayée par la brutalité du président. Restait un dernier témoin, la demoiselle Clotilde d'Argence : elle déclara que le jour du crime elle avait vu Lesurques avec lequel elle se rencontrait tous les jours. Elle n'avait pas de preuves de ce qu'elle avançait ; le président l'interrompit et la menaça.

Est-il du devoir d'un homme à qui est confiée la redoutable fonction de rendre la justice de condamner d'avance ceux dont le sort lui est confié, de se laisser guider aveuglément par le

5.

parti pris, dans ce dédale si dangereux qu'on nomme une instruction criminelle ? Tant que l'arrêt de la justice n'est pas prononcé, il n'y a pas de coupables devant les juges, il n'y a que des accusés. Il se peut que des circonstances fatales, se réunissant contre un innocent, l'écrasent et le fassent succomber avant que la lumière ait eu le temps de se faire. Quoi donc peut aider à pénétrer ces mystères, malheureusement trop nombreux, quoique rares, dans les annales judiciaires, si ce n'est le calme, la sagesse, l'impartialité qui doivent être les premières vertus d'un magistrat !

Les témoins qui établissaient l'alibi de Lesurques n'avaient pas été écoutés favorablement ; loin de là. Cependant, la défense espérait toujours. D'autres et nombreux témoins attestaient l'honorabilité d'ailleurs bien connue de l'accusé, sa moralité et sa bonne situation de fortune suspectées par l'accusation. N'était-ce pas assez pour prouver que Lesurques, aimât-il encore plus qu'on ne le disait la vie joyeuse, n'avait nul besoin de voler et d'assassiner pour satisfaire ses désirs ? Mais le président Gohier ne voulait rien entendre. Sa volonté conduisit un innocent à l'échafaud. L'avocat de Courriol avait dit aux défenseurs de Lesurques et de Guesnot : « Je ne puis m'expliquer sur Courriol ; mais défendez vos clients avec confiance, car ils sont innocents tous les deux.

Que voulait dire cette phrase? N'était-elle pas la suite d'une conversation intime dans laquelle Courriol avait avoué à son avocat sa culpabilité, en lui disant ce qu'il répéta si souvent plus tard et jusque sur l'échafaud : Je suis coupable, mais Lesurques est innocent !

Enfin les témoins à charge s'acharnèrent à reconnaître Courriol, Lesurques, Guesnot, Bruer, Bernard. Lesurques, Guesnot et Bruer juraient qu'ils étaient innocents. Courriol et Bernard niaient toute participation au crime. A l'audience du 18, le président fit son résumé qui fut un véritable réquisitoire ; il appuyait sur les dépositions des témoins à charge et discutait les assertions des témoins qui établissaient l'alibi ou donnaient sur les accusés des renseignements favorables. Lesurques surtout eut à souffrir de sa sévérité. Et pourtant si un accusé eut dû inspirer de l'intérêt, c'était lui. Son attitude pendant les débats, le calme et la précision de ses réponses, tout parlait pour lui. Ses paroles claires s'accordaient toujours entre elles ; il donnait toutes les explications qu'on lui demandait, simplement, doucement. Lorsqu'un témoin affirmait l'avoir vu, le reconnaître, il répondait sans amertume : « Ce témoin s'est trompé, et à moins qu'il n'y ait de la ressemblance entre moi et une des personnes qui le jour de ce crime ont fréquenté la route de Paris à Melun, il est impossible qu'il puisse dire vrai.»Etait-ce là l'attitude d'un coupable? L'histoire nous a appris que c'était la résignation d'un martyr.

Les questions suivantes furent posées au jury: 1º Est-il constant qu'il a été commis un homicide sur la personne du citoyen Excoffon, courrier de la malle de Lyon, dans la nuit du 8 au 9 floréal dernier, sur la route de Paris à Melun? Étienne Courriol, Joseph Lesurques, Charles Guesnot, David Bernard sont-ils convaincus d'avoir participé à cette action, de l'avoir fait volontairement, de l'avoir fait sans indispensable nécessité d'une légitime défense de soi-même ou d'autrui, de l'avoir fait sans provocation violente; de l'avoir fait avec préméditation?—2º Est-il constant qu'il a été commis un homicide sur la personne du citoyen Audibert, postillon, dans la nuit du 8 au 9 floréal dernier, sur la route de Paris à Melun? Étienne Courriol, Joseph Lesurques, Charles Guesnot, David Bernard sont-ils convaincus d'avoir participé à l'homicide commis, de l'avoir fait volontairement?... — 3º Est-il constant qu'il a été pris de l'argent monnayé, des promesses de mandat, des assignats et autres effets dans la malle du courrier de Lyon? Étienne

Courriol, Joseph Lesurques, Charles Guesnot, David Bernard sont-ils convaincus d'avoir participé à cette action, de l'avoir fait dans l'intention de voler, de l'avoir fait à force ouverte et avec violence, de l'avoir fait la nuit, sur un grand chemin, et portant des armes meurtrières ? — 4° Joseph Thomas Richard, Antoine Philibert Bruer sont-ils convaincus d'avoir reçu gratuitement partie des objets volés, de l'avoir fait sachant que lesdits effets provenaient d'un vol, de l'avoir fait dans l'intention du crime ?

A deux heures les jurés se retirèrent de la salle d'audience. Pendant qu'ils délibéraient, une femme demanda à parler au président du tribunal à qui elle avait, disait-elle de sérieux aveux à faire. C'était Madeleine Bréban, la maîtresse de Courriol. Le président la fit venir. — On va commettre une erreur, dit la Bréban : sur les six accusés il n'y a qu'un coupable, c'est Courriol ; les autres sont innocents. Guesnot et Lesurques sont victimes de leur ressemblance avec deux des meurtriers. Guesnot ressemble à un nommé Vidal, Lesurques à un nommé Dubosc, et ce qui augmente encore cette ressemblance, c'est que, le jour du crime, Dubosc portait une perruque blonde. — C'était là un aveu tardif, il est vrai, mais qui n'en éclairait pas moins la justice. Le verdic n'était pas rendu. Cette démarche émouvante de la maîtresse de Courriol, venant au dernier moment, alors qu'elle voit que la justice va commettre une erreur, rejeter le crime sur son amant pour sauver des innocents, n'était-elle pas un mouvement spontané de sa conscience bourrcelée?

« Les débats sont fermés, répondit le président; il n'est plus temps. » Phrase horrible, incompréhensible dans la bouche d'un magistrat! Une affaire ténébreuse, pleine de mystères, va se dénouer dans un instant. Des malheureux ont crié qu'ils étaient innocents, on n'a écouté ni leur voix ni celle de leurs témoins. Tout à coup la lumière commence à se faire : on l'éteint ! Il n'est plus temps d'y voir clair ! Il manquait un témoignage pour attester l'innocence d'un homme à laquelle tout le monde croit à l'exception du juge. Ce témoignage est là, il parle. On lui répond : Il n'est plus temps! Mot sinistre qui a dû bien des fois retentir lugubrement, comme un reproche éternel, aux oreilles de ceux qui, les premiers, l'entendirent sans vouloir l'écouter !

Il était huit heures du soir. Le jury rentra ; sur sa déclaration fut rendu un jugement qui condamnait Étienne Courriol, Joseph Lesurques et David Bernard à la peine de mort comme coupables d'assassinat; Richard à vingt-quatre ans de fers et six heures d'exposition. Guesnot non convaincu d'avoir participé à l'homicide commis, et Bruer étaient acquittés. — Les assistants furent épouvantés. Les avocats croyaient être le jouet d'un rêve horrible. Lesurques était condamné ! Guesnot était reconnu innocent !

Et pourtant l'accusation avait étroitement lié ensemble les deux amis dans la même culpabilité. Pourquoi les témoins qui avaient reconnu Guesnot n'étaient-il pas crus comme ceux qui avaient reconnu Lesurques ? Ce qu'il y a de plus fort c'est que ces témoins sont les mêmes. Pourquoi l'alibi de Guesnot et de Bruer était-il si bien reçu tandis que celui de Lesurques, si énergiquement affirmé par tant de témoins, était contesté jusqu'à la fin ? Pourquoi Bernard qui n'avait pu se trouver au *Closeau* était-il puni comme un des assassins ? Questions qu'on se pose sans pouvoir les résoudre.

En entendant son arrêt, Lesurques pâlit affreusement. Brisé par une poignante émotion, il resta un instant immobile comme un cadavre ; mais sa conscience fut plus forte que sa douleur : il surmonta la terrible surprise qui l'avait un moment anéanti et leva au ciel un regard d'une indicible expression. Il se redressa fièrement, et dans une attitude digne, s'écria d'un voix claire et vibrante, regardant ses juges en face : « Sans doute, le crime dont on m'accuse est horrible et mérite la mort ; mais s'il est affreux d'assassiner sur une grande route, il ne l'est pas moins d'abuser de la lôi pour frapper un innocent. Un moment viendra où mon innocence sera reconnue, et c'est alors que mon sang rejaillira sur la tête des jurés qui m'ont légèrement condamné et du juge qui les a influencés ! »

A peine avait-il achevé que Courriol se leva et s'écria : « On s'est trompé : Lesurques et Bernard sont innocents. Moi je suis coupable. Bernard n'a fait que prêter les chevaux ; Lesurques n'a jamais pris aucune part à ce crime. »

Confession arrachée par ce sentiment d'humanité qui a une lueur dans les cœurs les plus endurcis à ce scélérat, qui, jusqu'au dernier moment s'était tu par prudence, dans son intérêt, ayant pu croire que la justice verrait clair, et épargnerait l'honnête homme innocent.

Le président ne voulut voir là que des protestations ordinaires à tous les condamnés. Il passa outre. C'en était fait. Les condamnés furent reconduits à la Conciergerie. Écoutons M. Leroy, détenu politique dans cette prison : « A la sortie du tribunal, les condamnés furent amenés au greffe du tribunal où je me transportai, et j'entendis les coupables, qui alors avouaient leur crime, assurer que le sieur Lesurques ne l'était pas et qu'il avait été pris pour un autre. Ce

malheureux ne sortira jamais de ma mémoire et
je ne puis y songer sans frémir. Cette triste
scène se passa en présence du fils du concierge
et de plusieurs guichetiers dont je ne me rappelle
pas les noms, si ce n'est de Richard, concierge,
et de son fils, greffier. »

Lesurques ne perdit pas l'énergie qu'il avait
montrée pendant le procès. Il se pourvut aussitôt
en cassation. Cependant Courriol, se sachant coupable et se voyant perdu ne songeait qu'à sauver les innocents. Le lendemain de l'arrêt il
demanda à parler aux magistrats du bureau central : « Lesurques et Bernard, leur dit-il, sont
innocents du crime pour lequel il ont eté condamnés à la peine de mort, ainsi que le nommé
Richard condamné aux fers. Les véritables coupables sont Dubosc et Vidal. Madeleine Bréban
peut donner des renseignements sur Dubosc et
Vidal. »

Deux jours après, il fait une déclaration plus
explicite ; il a pris à tâche de faire connaître la
vérité. Voici cette déclaration qui aurait dû
être la réhabilitation de Lesurques : « Les véritables coupables de l'assassinat du courrier de Lyon sont les nommés Dubosc, Vidal,
Durochat et Roussy. Durochat, sous le nom de
Laborde a pris une place dans la malle de Lyon,
à côté du courrier. Les autres sont partis le 8 flo-

réal dernier de Paris, montés sur les chevaux dé lui, Courriol. Il les a rejoints, une heure après leur départ, à la barrière Charenton. Ils ont dîné et pris le café à Montgeron. Le lendemain, ils sont rentrés tous les cinq à Paris, à cinq heures du matin. Lui, Courriol, a mené les chevaux avec Vidal chez Aubry, rue des Fossés-Saint-Germain. Les trois autres, savoir Durochat, Roussy et Dubosc, ont été chez ce dernier, rue Croix-des-Petits-Champs, où lui, Courriol, et Vidal, les ayant réjoints, les partages se sont effectués. Roussy et Durochat ont été les chefs de l'entreprise. Le sabre et l'éperon appartiennent à Dubosc qui est retourné chercher le sabre à Lieursaint ; l'autre sabre, trouvé sur la route, appartient à Roussy. C'est Dubosc et Vidal qui se sont promenés dans Lieursaint à pied. » Les souvenirs de Courriol, naturellement troublé, n'étaient pas tout à fait exacts ; toutefois sa déclaration prouvait jusqu'à l'évidence l'innocence de Lesurques, en faisant connaître les individus dont la justice n'avait pu s'emparer et pour qui Lesurques payait de sa personne.

L'exécution de l'arrêt était suspendue par suite du pourvoi de Lesurques ; devant les dernières déclarations de Courriol on dut entendre de nouveaux témoins. Le 17 vendémiaire (8 octobre), les sieurs Cauchois et Goulon déclarent qu'au moment du jugement « la fille Bréban était venue les voir, qu'elle leur avait dit : Il va périr des innocents ; Courriol seul est coupable ; il y a longtemps que les autres sont partis. Durochat et Vidal sont les vrais coupables, Lesurques a été pris pour un autre ; ce qui a causé la méprise c'est qu'il a des cheveux blonds et que l'autre avait une perruque blonde. » Cauchois ajoute « qu'aussitôt qu'il avait été instruit de ces faits, il avait fait des démarches auprès des juges du tribunal et du citoyen Daubenton, juge de paix, sans en avoir satisfaction. » Le portier Perrin, rue des Fontaines « a logé chez lui, au mois de prairial, un particulier nommé Vidal ; quinze jours après il lui a dit qu'il allait partir pour Lyon. Pendant les quinze jours que ce Vidal a logé chez lui, il a vu venir plusieurs fois un grand homme blond, un autre petit de taille et un troisième homme trapu, ainsi qu'une femme de leur compagnie. » Enfin, Madeleine Bréban vient à son tour : « Avant l'assassinat du courrier de Lyon, dit-elle, Vidal et Roussy venaient souvent chez Courriol, Dubosc y venait aussi quelquefois. Je n'y ai jamais vu venir Lesurques ; j'ai seulement vu ce dernier, qui ressemble beaucoup à Dubosc, une seule fois, chez Richard. » Elle indique la demeure de Dubosc, donne son signalement qui peut parfaitement s'appliquer à Lesurques, et celui de Vidal, et elle ajoute : « Le 9 floréal, Bruer et Bernard sont venus me prendre chez moi, m'ont conduite chez Dubosc, rue Croix-des-Petit-Champs, où était Courriol ; là je lui ai porté des habits pour changer. Le jour du jugement, j'ai déclaré à peu près les mêmes faits au président du tribunal ; le lendemain de ce jugement, j'ai fait une pareille déclaration au bureau central. »

Et cette ressemblance de Lesurques avec Dubosc n'était pas une fable inventée à plaisir. Voici ces signalements comparés, relevés sur le registre d'écrou lorsque Dubosc fut arrêté :

LESURQUES (1796).	DUBOSC (1797).
Age : 32 ans,	Age 33 ans,
Taille : 5 pieds 3 pouces.	Taille 5 pieds 4 pouces 6 lignes.
Cheveux blonds,	Cheveux et sourcils blonds.
Yeux bleus.	Yeux gris.
Nez aquilin.	Nez aquilin.
Bouche moyenne.	Bouche moyenne.
Menton rond et double.	Menton fourchu ayant une fossette.

SIGNES PARTICULIERS.

Une cicatrice au front, côté droit.	Petite cicatrice au front, au-dessus de l'œil droit.
Le doigt de la main droite est estropié.	Une couture sur le gros pouce, au dedans de la main droite.

Fatale ressemblance en effet ! Les paysans de Montgeron et de Lieursaint pouvaient bien de bonne foi reconnaître dans Lesurques l'homme qu'ils avaient vu. La déposition de la Bréban était un démenti au jugement du tribunal ; on n'y voulut pas prendre garde. Tout dans ce procès est empreint d'insouciance et de légèreté.

Les amis de Lesurques ne perdaient pas de temps. M. Guinier, son défenseur présenta une requête au Directoire pour obtenir un sursis. Le 27 vendémiaire (18 octobre), le conseil des Cinq-Cents reçut du Directoire, l'invitation d'examiner les pièces du procès avec soin, et de déclarer s'il y avait lieu de surseoir à l'exécution. Pendant ce temps, Courriol ne cessait de protester de l'innocence de Lesurques. A Bicêtre où les condamnés avaient été transportés, il la criait bien haut dans la prison. Il disait à Bernard. « Tu n'as pas assassiné le courrier, mais tu as profité de l'assassinat. Lesurques n'a ni assassiné ni profité du vol. Il nous est tout à fait étranger ; tu le sais aussi bien que moi. » Enfin, pendant que deux députés obtenaient un sursis et qu'une commission de trois membres, prise dans le conseil des Cinq-Cents, examinait l'affaire, le Directoire recevait de Courriol une lettre touchante, qui était une véritable explosion de la vérité :

6.

« Il est donc vrai que je devais ajouter à mon crime un double assassinat ! Les déclarations véritables que je n'ai cessé de faire n'ont pu faire rendre justice à deux innocents qui vont périr victimes de l'erreur. Puis-je espérer, au moins, que pour venger leur mort vous donnerez des ordres très-exprès de faire rechercher les quatre individus que j'ai désignés et qui sont mes seuls complices ? Avant que ces pauvres malheureux qu'on va sacrifier fussent mis en jugement, la fille Bréban, avec qui je vivais, avait déclaré au commissaire du pouvoir exécutif près la municipalité de Melun que, des six personnes arrêtées pour cette affaire, j'étais le seul coupable. Si elle n'a pas fait cette déclaration devant le tribunal, c'est par une timidité impardonnable. La vérité ne peut manquer de se montrer ; avant peu vous en serez persuadés, mais il ne sera plus temps ; les innocents auront péri ! Oui, je le répète, les innocents ! Je ne cesserai de le répéter jusqu'à mon dernier soupir ! » Il avait en même temps rédigé une note où il faisait le récit du crime et donnait le signalement des assassins.

Le défenseur de Lesurques était infatigable. Il voulait arracher l'innocent à l'infamie. Il était parvenu à trouver la piste de Durochat, de Vidal et de Dubosc ; il prévint la police à qui les trois misérables échappèrent. Cependant la commission du conseil des Cinq-Cents avait nommé pour rapporteur M. Siméon à qui tous les renseignements parvenus au Directoire avaient été remis; son rapport était terminé lorsque la lettre de Courriol lui fut communiquée ; il rédigea un rapport supplémentaire. Quel esprit domina la commission et dicta le rapport de M. Siméon ? On ne peut le dire : mais ce rapport fut la mort de Lesurques. On y reconnaît que la commission a à cœur de sauvegarder l'innocence contre les erreurs provenant de débats ténébreux et compliqués, mais qu'elle ne voit dans les témoignages qui attestent la non-culpabilité de Lesurques qu'une combinaison adroite d'amis. Il y était dit que Courriol pouvait avoir été acheté par Lesurques qui était riche ; que, d'ailleurs, les dépositions d'un condamné faites après le jugement ne pouvaient être légalement admises. Lesurques, riche ! tout à l'heure on le disait pauvre. Contresens ! On remarque d'étranges passages tels que ceux-ci : « Il est possible qu'une combinaison adroite, une collusion officieuse entre un coupable et ses complices aient tendu un piége à votre sensibilité. Nous compterons le 27 vendémiaire au nombre de nos jours heureux, si nous avons pu, ce jour, sauver un innocent. » Et plus loin : « Le conseil n'a point à exercer le pouvoir judiciaire ; il ne veut pas l'exercer. On ne pourrait établir la révision des procès criminels sans bouleverser de fond en comble l'institution des jurés. Il n'est point de notre compétence de prononcer si Lesurques est innocent ou coupable. Il est jugé et valablement jugé. La justice dont l'action n'a point été suspendue, mais la rigueur différée, comme il arrive quand une femme convaincue se déclare grosse, doit reprendre son cours. Il serait dangereux d'introduire après coup de nouveaux moyens justificatifs en faveur des accusés. On se fonderait en vain sur le prix inestimable de la vie; il faut considérer le bien général. Tout accusé trouverait bientôt le moyen d'éluder sa condamnation en obtenant de la commisération ou de l'intérêt des déclarations officieuses. »

Funestes théories, paroles incompréhensibles et impardonnables dans la bouche d'un jurisconsulte qui, chargé d'examiner un procès, d'apporter la lumière dans les débats, outre sa tâche en condamnant l'homme lorsqu'il ne doit qu'interroger et sonder les faits !

L'affaire faisait grand bruit. Le public, à qui revenait tous les on-dit, croyait à l'innocence de Lesurques. Le juge Daubenton qui avait été un moment contraint d'en douter en était sûr maintenant. Il joignait ses efforts à ceux de M. Guinier ; tous deux se multipliaient. L'avocat publiait un mémoire où il signalait et vouait à la justice publique et à celle de l'avenir la conduite des -juges, l'étrange acharnement du président Gohier ; le juge Daubenton s'occupait de rechercher les véritables coupables. Peine perdue, dévouement inutile, le rapport de M. Siméon et l'acte d'accusation du citoyen Menessier étaient les marches sur lesquelles Lesurques allait monter à l'échafaud.

Le rapport finissait ainsi : « Si vous érigeant en tribunal d'équité, vous vous exposiez à ce que chaque condamné vînt impétrer votre bienfaisance, comme autrefois celle des princes, comme eux vous seriez flattés et trompés, et mettant des intentions et des sentiments à la place des règles, vous introduiriez, sous le prétexte le plus séduisant, un arbitraire dont l'exemple profiterait bientôt aux passions pour des innovations moins excusables. Votre commission persiste à proposer *l'ordre du jour.* »

Alors, le Directoire, le conseil des Cinq-Cents n'avaient guère le temps de s'occuper sérieusement des affaires criminelles ; ils s'occupaient de discuter et de voter des lois politiques. Le rapport de M. Siméon fut entendu à la légère : on ne songea pas à l'étudier ; on en vota les conclusions à la hâte. Le résultat du vote, *l'ordre du jour,* fut l'arrêt de mort, sans espoir, de l'infortuné Lesurques.

Tout était donc fini. Lesurques n'avait plus qu'à se préparer à la mort. Sa femme et ses trois jeunes enfants vinrent dans sa prison lui faire les suprêmes adieux. Ce fut une scène déchirante que le peintre Hilaire Ledru a reproduite dans un tableau célèbre devenu populaire. Les trois enfants que l'échafaud allait faire orphelins enlaçaient leur père de leurs petits bras, baisaient ses mains qui si souvent les avaient caressés, et ses yeux mouillés de larmes. Sa pauvre épouse, elle, déjà folle de terreur et de désespoir, s'appuyait au mur de la prison, jetait sur son mari des regards effarés. Douleurs qu'on peut comprendre, que peut reproduire le pinceau d'un grand artiste, mais qu'il est impossible à la plume de retracer.

La veille de l'exécution, le condamné coupa ses cheveux pour les laisser en souvenir à ses enfants et à sa femme à qui il les envoya avec cette lettre touchante :

« A la citoyenne *veuve* Lesurques. — Quand tu liras cette lettre, je n'existerai plus; un fer cruel aura tranché le fil de mes jours que je t'avais consacrés avec tant de plaisir. Mais telle est la destinée : on ne peut la fuir en aucun cas. Je devais être assassiné juridiquement. Ah ! j'ai subi mon sort avec une constance et un courage dignes d'un homme tel que moi. Puis-je espérer

que tu imiteras mon exemple? Ta vie n'est point
à toi, tu la dois tout entière à tes enfants et à ton
époux, s'il te fut cher. C'est le seul vœu que je
puisse former. On te remettra mes cheveux que
tu voudras bien conserver, et lorsque mes enfants
seront grands, tu les leur partageras; c'est le seul
héritage que je leur laisse. Je te dis un éternel
adieu. Mon dernier soupir sera pour toi et mes
malheureux enfants. »

Il écrivit à ses amis, qui sûrs de son innocence
l'avaient proclamée, des lettres où il les remer-
ciait en leur faisant ses derniers adieux. Il témoi-
gna la plus vive reconnaissance à son avocat
Me Guinier qui l'avait si chaleureusement défendu.
Enfin il écrivait à Dubosc une lettre qu'il désirait
lui faire parvenir par la voix des journaux :

« Vous, au lieu duquel je vais mourir, — lui
disait-il, — contentez-vous du sacrifice de ma
vie. Si jamais vous êtes traduit en justice, sou-
venez-vous de mes trois enfants couverts d'opprobre, de leur mère au désespoir, et ne prolongez
pas tant d'infortunes causées par la plus funeste
ressemblance.

Au dernier moment, il avait conservé tout le
calme et la dignité qu'il avait montrés pendant
le procès. Il mit en ordre ses affaires. Vint l'heure
du supplice : c'était le 9 brumaire, an v (30 octobre 1796). Il sortit de la prison, vêtu de blanc

comme pour protester contre sa condamnation. Courriol et Bernard l'attendaient. Bernard était anéanti; on fut obligé de le porter dans la charrette. Courriol, comme Lesurques, y monta avec courage. Sur son visage se lisait une rare énergie. On se mit en route pour le lieu de l'exécution. Pendant tout le parcours, Courriol, debout près de Lesurques, ne cessait de répéter à la foule en le montrant du doigt : « Je suis coupable, mais Lesurques est innocent. » Aveu qu'il répéta sous le couteau de la guillotine. Quelques instants après, trois têtes étaient tombées; Lesurques était mort en pardonnant à ses juges. Il était allé demander à Dieu raison de la justice humaine.

III

Lesurques avait subi le supplice des assassins.

Était-il un assassin? Était-il la victime d'une déplorable erreur judiciaire ou un criminel hypocrite qui avait tenté d'en imposer à la justice? Des témoins honorables, dignes de foi avaient établi son alibi. Au dernier moment, Courriol s'avouant coupable avait proclamé l'innocence de Lesurques. Mais ce qui se passa après l'exécution parla bien plus éloquemment en faveur de l'infortuné que les déclarations des témoins et de Courriol.

Le Domaine public confisqua tous les biens de Lesurques. « Alors, apparut clairement l'inqualifiable légèreté de l'accusation. Les biens de cet homme qu'on avait représenté comme étant sans ressources et vivant d'une façon problématique, se trouvèrent composer une fortune considérable pour le temps. On constata que Lesurques était propriétaire de la ferme du Férein, dont le produit en numéraire, s'élevait à 8,400 livres. Lesurques possédait, en outre, une jolie maison à Douai et une autre petite terre que la famille put racheter en 1818. Il était, de plus, régisseur de deux terres dont une appartenait à madame de Folleville. Somme toute, son revenu annuel n'était pas de beaucoup inférieur à 12,000 livres, valeur en numéraire. Son passif était de huit louis dus à Legrand, et on n'y pouvait ajouter que quelques fournitures courantes. Toute cette fortune passa, par la plus inique des illégalités, entre les mains du Domaine. » (A. Fouquier, causes célèbres; *le Courrier de Lyon.*)

La famille du condamné tomba tout à coup de l'aisance dans la plus grande misère. Ce malheur, joint à celui plus affreux de la mort infamante de Lesurques, amena pour cette malheureuse famille les plus terribles résultats. La vieille mère de Lesurques devint folle. Sa femme perdit aussi la raison et ne la recouvra qu'au bout de sept ans. Legrand, le bijoutier, cause involontaire de la mort de son ami, devint idiot et fut enfermé à Charenton.

Cependant la conscience publique ne doutait pas de l'innocence de Lesurques. Des hommes de cœur, convaincus, dont les efforts n'avaient pu lui sauver la vie, travaillaient avec ardeur à sa réhabilitation. Le juge Daubenton, M. Eymery, un des témoins à décharge de l'infortuné et qui avait eu pendant les débats une si noble attitude devant les intimidations du président Gohier, s'étaient voués à cette tâche qui les honore. Leur conduite fut d'un grand et bel exemple.

Déjà, le 16 brumaire, sept jours après l'exécution, la lettre suivante avait été adressée à M. Siméon par M. Jarry, ancien juge de paix de Besançon : « Citoyen représentant, je viens de lire votre rapport sur l'affaire du malheureux Lesurques, condamné pour l'assassinat du courrier de Lyon. Mon cœur en est navré. Il est innocent. Moi seul, peut-être, aurais pu éclairer le fait. Mais il n'est plus, et tout ce que je vais vous apprendre sera sans fruit. J'étais juge de paix à Besançon, l'année antérieure à l'acceptation de la constitution ; un négociant de Lyon qui était à la poursuite d'un homme qui lui avait volé deux millions, tant en assignats qu'en or et en argent, dans l'auberge du Parc, me pria de faire arrêter la femme de son voleur qui s'était réfugiée à Besançon. — Le voleur et sa femme furent arrêtés. — L'avant-veille de son jugement, l'accusé escalada les murs de la prison; sa femme ne fut pas plutôt à la maison de force qu'il l'en tira, et tous les deux sont libres. Dans le cours de l'instruction au tribunal criminel, on acquit la preuve qu'il avait déjà été condamné aux fers par le tribunal criminel de la Seine. Eh bien! cet homme est Dubosc; c'est l'homme indiqué par Courriol. Ce Dubosc avait les cheveux châtains et une perruque blonde. Je trouvai dans sa valise une autre perruque noire; il en changeait à volonté pour opérer les déguisements qu'il souhaitait. Ce Dubosc était déjà connu pour des vols de tous genres. Il possédait à fond l'art du crime, et, depuis son évasion, lorsque j'apprenais que quelques crimes énormes s'étaient commis, soit à Lyon, soit à Paris, je n'ai jamais douté qu'il n'en fût l'auteur. Lorsque j'ai lu votre rapport dans le *Moniteur*, j'ai reconnu les traits de Dubosc. Il m'a suffi de la perruque blonde pour le reconnaître. Cet homme est capable de tous les crimes, et c'est lui, je n'en doute pas, que Courriol a désigné ainsi; l'énonciation faite par Courriol du nom de Dubosc n'est pas une imposture, c'est la vérité toute pure. Veuillez informer le ministre de la justice de ces faits. Le signalement de Dubosc est au greffe du tribunal criminel du département de la Seine. Qu'il donne les ordres les plus sévères pour le faire prendre; s'il reste libre, vous verrez encore des crimes horribles de sa façon. »

Cette lettre est un terrible coup pour l'accusation. Ainsi, Dubosc existait. Ce n'était pas un personnage imaginaire créé pour les besoins de la cause de Lesurques ; c'était un malfaiteur de la pire espèce. Mais voilà que quatre mois après l'exécution, on mettait par hasard la main sur un des assassins véritables, Joseph Durochat, dit Laborde. Arrêté pour vol, il fut condamné par le tribunal criminel de Paris à quatorze ans de fers. Le juge Daubenton le confronta avec l'inspecteur général des postes qui le reconnut parfaitement pour être l'homme qui, le 8 floréal, avait pris place dans la malle de Lyon, près du courrier Excoffon. Durochat fut transporté à la conciergerie comme accusé d'être un des assassins du courrier de Lyon. Le juge Daubenton a raconté dans un mémoire cet incident du trop célèbre procès : « Tout était préparé pour le transport de Durochat à Melun ; je l'y accompagnai avec M. Masson, huissier du tribunal criminel. Nous y arrivâmes le même jour. Le lendemain Durochat fut interrogé.

« Il choisit pour être jugé, ainsi qu'il en avait le droit, le tribunal de Versailles. Aussitôt nous repartîmes de Melun pour le conduire à Versailles.

« Il demanda à déjeuner dans un village, près de Grosbois. On arrêta à la première auberge. Durochat demanda à me parler seul, je donnai l'ordre aux gendarmes et à M. Masson de sortir et de veiller à ma sûreté. Resté seul avec Durochat, et près de lui, je pris un couteau qui se trouvait entre nous deux, pour ouvrir un œuf. Durochat me dit aussitôt : — Vous avez peur, M. Daubenton? — Et de qui? lui dis-je. — De moi, me dit-il, vous prenez mon couteau. — Tenez, lui répondis-je, servez-vous en pour couper votre pain. A ce trait de tranquillité, Durochat ne put s'empêcher de me dire : vous êtes un brave; c'est fait de moi, mais vous saurez tout.

« En effet, il me fit, à l'égard de Courriol, de Roussy et de Dubosc, les déclarations les plus positives sur leur complicité dans l'assassinat du courrier de Lyon, et toutes absolument concordantes avec celles que Courriol avait déjà faites. Je ne jugeai pas à propos de recevoir ses dépositions dans ce lieu ; je lui demandai seulement s'il me les ferait à Paris. Il me le promit. Je fis rentrer tout le monde; on déjeûna et nous nous remîmes en route.

« Arrivé à Paris, le 29 ventôse (17 mars 1797), Durochat me fit lui-même souvenir de la promesse qu'il m'avait faite, et je reçus ses déclarations volontaires.

Dans l'affaire du courrier, me dit-il, c'est le nommé Dubosc qui est venu nous trouver, moi Durochat et Vidal, dans la rue de Rohan, à Paris, où Vidal demeurait alors. Il me proposa le vol du courrier et m'engagea à monter dans la voiture. Les seuls qui furent de ce complot avec moi sont Vidal, Roussy, Dubosc et Courriol. Bernard n'a fait que prêter les chevaux. J'ai entendu dire qu'il y avait un particulier nommé Lesurques qui avait été condamné. Je dois à la vérité de dire que je n'ai jamais connu ce particulier, ni lors du projet, ni lors de son exécution. »

Interrogé une seconde fois, le 9 germinal, par le juge Daubenton, Durochat donna le signalement de Dubosc : « Dubosc, dit-il, est un homme de vingt-six à vingt-sept ans, taille de cinq pieds quatre pouces, chevelure blonde et d'une belle figure. L'idée d'attaquer les courriers des malles a été donnée par un courrier des dépêches. C'était celle de Brest qu'on devait attaquer la première. Ils s'étaient tenus plusieurs jours de suite sur la route; mais le courrier des dépêches les ayant avertis que la malle de Brest ne portait rien, ils s'étaient rejetés sur la malle de Lyon. Le domestique de Bernard qui avait prêté les chevaux reconnaîtrait facilement Vidal qui, dans ce moment, se trouve détenu dans les prisons de Paris, et dont le vrai nom est Pialat. »

Interrogé encore par le juge de paix de Versailles, le 9 germinal, il renouvela ses aveux. Il ajouta que Lesurques, qu'il n'avait jamais vu ni connu, était innocent, qu'il avait été arrêté, jugé et condamné au lieu de Dubosc. Enfin, le 12, il raconta en détail à M. Barbier, président du tribunal criminel de Versailles, l'horrible drame dont il avait été un des acteurs.

« Pendant le siége de Lyon, dit-il, j'avais connu dans cette ville le nommé Vidal, qui perdit comme moi une partie de ses ressources dans cet événement. Il vint à Paris, et moi six mois après. Vers le 25 germinal, an IV, après avoir fait un voyage à Lyon, où j'avais terminé quelques affaires, je rencontrai à Paris Vidal qui m'emmena même coucher dans un appartement, rue de Rohan. Au bout de deux ou trois jours, il me confia le projet, formé par quelques-unes de ses connaissances, d'aller sur la grande route de Melun dévaliser, sur son passage, le courrier de la malle de Lyon.

« C'était, à ce que j'ai su, un courrier des dépêches de Brest qui avait donné cette affaire. Je l'ai vu ; j'ai pris le café avec lui deux fois, dans un café du Perron, près le Palais-Royal. Il était grand, blond et âgé de vingt-six ans environ. Pour concerter l'exécution de ce projet, Vidal et moi nous allâmes chez le traiteur Lebœuf, aux Champs-Élysées, dîner avec les nommés Dubosc, Roussy, Étienne Courriol. Là, il fut arrêté que je prendrais la voiture du courrier de la malle pour faciliter le vol, et que les autres iraient attendre la voiture sur la route, dans les bois, entre Lieursaint et Melun, mais qu'on se contenterait de dépouiller la malle et de lier le postillon, sans lui faire aucun mal.

« En conséquence, Dubosc me fit un passe-port sous le nom de Laborde. Vidal et moi, nous allâmes le faire viser à la section des Tuileries qui était celle de Vidal ; ensuite, nous allâmes au bureau central pour avoir un autre *visa*. Vidal, ayant trouvé là un garçon de bureau de sa connaissance, prit soin de l'écarter en le menant au cabaret. Mon passe-port fut visé ; mais Vidal y fit mettre un autre numéro que le numéro 22 où il habitait, rue de Rohan.

« Le 8 floréal fut le jour pris pour l'exécution du complot. Quatre hommes partirent de Paris vers les huit heures du matin, savoir : Vidal, Dubosc, Roussy et Courriol ; ils étaient montés sur des chevaux qui leur furent fournis par un nommé Bernard, loueur de chevaux à Paris, rue Sainte-Avoie. Il était intéressé dans l'affaire, mais ne prit pas part à l'action. Pour moi, j'allai retenir et payer ma place au bureau de la poste, avec environ 3,000 francs en assignats que me prêta Dubosc, et je partis de Paris sur les quatre heures avec le courrier de la malle de Lyon. Il était environ neuf heures, neuf heures et demie du soir quand la voiture se trouva au-dessus de Lieursaint ; là elle fut attaquée par les quatre hommes que je viens de nommer. Ce fut Roussy qui porta le coup de sabre au courrier ; je le parai de toute ma force avec ma main, et je reçus à la pomme de la main, au-dessus du pouce, une entaille qui me fit répandre beaucoup de sang et dont je porte encore la cicatrice. Alors, je m'élançai hors de la voiture et je courus à vingt pas de là où je fus retenue par Courriol à qui je me plaignis qu'on ne me tenait pas parole et qu'on assassinait au lieu de voler, ainsi que nous étions convenus. Je lui ajoutai que c'était nous exposer à la guillotine ; mais il me répondit : « C'est Roussy ; tu sais comme il est vif. C'est une affaire faite, et ceux qui sont morts ne reviendront pas pour passer devant nous. »

« Bientôt on détourna la malle dans la forêt, on coupa les cordes des paquets, on s'empara de tout ce qu'il y avait de précieux, puis nous revinmes à Paris. Roussy était monté sur le cheval du postillon tué et m'avait donné le sien. Nous descendîmes chez Dubosc qui occupait un entresol à Paris, dans une rue en face la barrière des Sergents. Il était alors vers quatre heures du matin. On avait laissé le cheval du postillon tué sur les boulevards.

« Les quatre autres apportèrent les paquets jusque chez Dubosc, puis on les mit dans une auberge que je ne connais pas. Ce fut chez Dubosc qu'on fit le partage du butin. J'ai eu pour ma part 50 louis en numéraire métallique, 500,000 francs en assignats, qui étaient alors à 10,000 francs le louis, et 40,000 francs en mandats, que j'ai vendus quelques mois après à 40 sous le cent. Je restai ensuite pendant huit jours avec Vidal, dans un appartement de la rue de Rohan ; mais, huit jours après, craignant les poursuites, nous prîmes un autre appartement, rue des Fontaines, n° 4 ; le portier de cette maison se nomme Perrin. Enfin, Courriol ayant été arrêté, mes alarmes augmentèrent, et nous nous nous sommes enfuis. Quant à Lesurques, je ne le connais pas, je le répète, je ne l'ai jamais vu de ma vie. »

— « Lesurques, dit le président à l'accusé, a été reconnu pour l'un des voleurs de la malle ; il avait à ses bottes des éperons argentés et on lui

en a vu raccommoder un avec du fil, soit à Lieursaint, soit à Montgeron ; cet éperon a été retrouvé
sur le lieu du crime. »

A ceci Durochat répondit : — « C'était le nommé
Dubosc qui avait les éperons argentés. Le matin
même que nous avons partagé le vol, je lui ai entendu dire qu'il avait brisé l'un des chaînons de
ses éperons, qu'il l'avait raccommodé avec du
fil dans l'endroit où ils avaient dîné, et qu'il
l'avait perdu dans l'affaire. Je lui ai vu moi-
même dans les mains l'autre éperon, et il disait
qu'il allait le jeter dans les commodités. Le jour
de l'assassinat, Dubosc portait une perruque
blonde. »

Voilà ce que raconta Durochat. Était-il réellement aussi peu coupable qu'il le disait ? Il est
probable qu'il ne se donnait un rôle si secondaire
que pour sauver sa tête. Mais ceci importe peu. Ce
qui ressort de ce récit, c'est l'innocence de Lesurques. Les juges avaient alors la piste des véritables
assassins. Vidal fut arrêté, confronté avec Durochat et Perrin, le portier de la rue des Fontaines,
qui le reconnurent. Perrin déposa que Vidal avait
reçu chez lui entre autres visites, celles d'un
homme blond et de sa femme. Il donna les dates
de ces visites. L'homme blond ne pouvait être
Lesurques, qui, aux dates indiquées, était arrêté.
C'était Dubosc, et la femme était sa maîtresse.

Le 17 germinal (7 avril), Durochat fut condamné à mort. Vidal allait passer en jugement. Restait Dubosc et Roussy. Le juge Daubenton et M. Eymery redoublaient d'efforts pour mettre la main sur ces deux scélérats. Durochat venait de se pourvoir en cassation lorsque Dubosc et Claudine Barrière furent enfin arrêtés quelques jours après Vidal. On les envoya à Melun pour être confrontés avec Durochat. Celui-ci, avait on le sait, reconnu Vidal pour celui qui lui avait proposé l'attaque du courrier et qui avait fait viser son passe-port; mais il déclara ne pas reconnaître Dubosc. L'étonnement qu'excita cette déclaration ne fut pas de longue durée. Dubosc avait pu correspondre avec Durochat et acheter son silence avec de l'or et des promesses de salut. En effet, le nommé Charrier, concierge de la prison de Melun déclara que le détenu Dubosc, lorsqu'il passait devant le cachot de Durochat, avait été vu souvent s'arrêter et parler bas à ce dernier; il ajouta qu'à sa connaissance Durochat n'avait que deux louis à son entrée dans la prison et que depuis il lui avait trouvé deux doubles louis et un louis simple, outre les dépenses qu'il avait faites et payées. Charrier fils avait aussi vu Dubosc s'arrêter au guichet de Durochat, lui tendre la main, lui remettre un papier. Durochat disait amicalement : « Bonsoir, Dubosc. » Au contraire, il était brusque avec Vidal à qui il reprochait de lui devoir de l'argent. Enfin, un détenu, Gabriel Fontaine, qui avait habité quelque temps la même chambre que Vidal et Dubosc, déclara avoir vu Dubosc et Durochat se remettre des lettres en cachette; il avait aussi vu Dubosc remettre de l'argent à Durochat. La cause du silence de Durochat à l'égard de Dubosc était connue. On entendit des témoins pour instruire contre Vidal et Dubosc. Les deux accusés furent reconnus pour être deux dangereux malfaiteurs, deux échappés du bagne; la maîtresse de Dubosc, Claudine Barrière avait déjà, elle aussi été condamnée pour vol à douze ans de réclusion. Qui se rassemble s'assemble; c'était un ménage assorti.

Lorsqu'on compare les antécédents de Lesurques à ceux de Dubosc, on est saisi d'une pénible impression. Le premier, honnête homme, d'une conduite irréprochable est tout à coup mêlé par un hasard prodigieux à un crime horrible. Rien ne peut le sauver, ni ses dénégations, ni les preuves que donnent ses amis de son innocence. Il est condamné quand même par la prévention. Il expie sur l'échafaud une vie honnête qu'il s'était efforcé, ce qui est loin d'être un crime et même une faute, de rendre douce et agréable. Le second, ancien cuisinier de l'archevêché de Besançon, vole l'argenterie de l'archevêque,

il est pour ce fait con lanné aux galères à per-
pétuité. Il s'échappe, vient à Paris où il est bientôt arrêté pour un autre vol d'argenterie. On le
réintègré au bagne d'où il s'échappe une seconde
fois. On le retrouve en 1795 à Lyon où il com-
met un vol de deux millions d'assignats. Arrêté
avec sa maîtresse, il s'échappe encore et fait
évader Claudine Barrière. Scélérat de la pire espèce, galérien, voleur, assassin, il échappe à
l'échafaud pendant que tout prouve qu'un innocent meurt à sa place.

Le directeur du jury de Melun, M. Cartault interrogea les témoins devant les accusés. Jean
Champeaux et sa femme, la dame Alfroy, la dame
Châtelain, quatre des témoins dont les dépositions avaient surtout fait condamner Lesurques,
déclarèrent reconnaître Vidal. C'est, disent-ils,
l'homme que nous avons cru reconnaître dans le
nommé Guesnot. Certains témoins ne sont pas
certains de le reconnaître ; d'autres, les filles
Grossetête et Santon, la dame Évrard, le domestique Delafolie ne le reconnaissent pas. D'autres
enfin, Charbault, Pérault, Cauchois lui trouvent
une grande ressemblance avec Guesnot. Vidal
oppose les dénégations les plus formelles.

Vient le tour de Dubosc. Audacieux, menaçant,
l'effronté coquin qui avait osé adresser au juge
Daubenton dont il avait appris les poursuites di-

rigés contre lui, des lettres où il lui promettait de se venger, s'écria devant le juge et les témoins : « Je suis un forçat évadé, c'est vrai, mais je n'ai pas assassiné le courrier de Lyon, et malheur à celui qui oserait affirmer que j'étais avec les assassins ! » Ce scélérat qui tant de fois avait échappé à la justice venait la braver jusque dans son sanctuaire. Les témoins étaient intimidés. Les époux Champeaux disent ne pas le reconnaître pour le cavalier qui a rattaché son éperon chez eux. La dame Alfroy déclare que, parmi les particuliers qu'elle a vus à Lieursaint et qui lui ont été présentés dans le cours de la procédure, elle a reconnu Courriol, Lesurques et Vidal ; mais qu'elle ne reconnaît pas positivement le nommé Dubosc ; qu'à force de l'examiner, il a de la ressemblance avec Lesurques ; mais qu'il est moins grand, moins blond et qu'elle ne peut assurer qu'il fût au nombre des cavaliers. Perrault dit que les cheveux de l'homme qui a dîné dans l'auberge étaient blonds et que l'individu ici présent est blond-châtain. Gillet dit que Dubosc est moins blond et moins grand que Lesurques. La fille Santon ne le reconnaît pas ; la fille Grosse-tête dit qu'il ne faisait pas partie des quatre cavaliers qu'elle a servis et dont *en quelque sorte* elle en a reconnu un dans le nommé Lesurques, *sans assurer affirmativement que c'était lui.*

Étrange réponse : quand on songe que c'est sur la déposition de ce témoin que Lesurques fut envoyé à l'échafaud !

Enfin, le 1er messidor an v, on écouta la déposition d'un témoin qu'on n'avait pas encore entendu. C'était un gardien de la cour du Temple, à Paris, nommé Nicolas Chéron : il déclara n'avoir jamais vu Durochat, mais parfaitement reconnaître Vidal et Dubosc pour les avoir vus à différentes fois chez le nommé Bernard, juif, marchand de pendules et de chevaux, chez lequel il était employé. A l'époque de l'assassinat du courrier de Lyon, quatre particuliers vinrent chez Bernard. Depuis il a su que deux se nommaient Courriol et Roussy ; il ignorait le nom des deux autres qu'on lui dit se nommer Vidal et Dubosc et dont il s'est aussitôt rappelé les traits. Ces quatre hommes vinrent chez Bernard pour louer chacun un cheval. Il était alors de cinq à six heures du matin... Ne couchant pas chez Bernard, il y revint le lendemain vers sept heures du matin. Les chevaux étaient rentrés, mais semblaient harassés. Il dit à Bernard : — « Si vous prêtez vos chevaux pour qu'ils soient arrangés de la sorte, vous ne les conserverez pas longtemps. » — « C'est vrai, répondit le juif, ces b..... les ont éreintés, et on les a vus hier courir dans tout Paris. » Ce témoin si précieux pourquoi n'avait-il pas été entendu dès le début du procès? C'est un des faits inexplicables de cette affaire.

La Bréban renouvela ses dépositions et dit en face de Dubosc : « C'est bien là celui qui se dit le mari de la Claudine Barrière, que j'ai vu souvent chez Courriol, et chez qui je suis allé le 9 floréal. » Ces déclarations, la déposition des concierges et du détenu de la prison de Melun à l'égard de Dubosc et de Durochat pouvaient-elles laisser des doutes ? Les deux bandits, à l'audience avaient toujours l'air de ne pas se reconnaître. On interrogea d'autres détenus de la prison de Melun. Un d'eux affirma que Dubosc et Durochat se tutoyaient. Un autre déclara que Durochat lui avait dit : « Dubosc, Vidal et moi, avons assassiné le courrier, mais j'ai des raisons pour ne pas compromettre Dubosc. » On apprit aussi qu'on avait essayé de faire parvenir à Dubosc des armes et des limes. Dubosc achetait Durochat et Durochat épargnait Dubosc en vue d'une évasion commune. C'était clair.

Pendant ce temps, Richard, détenu au bagne de Rochefort et qui avait appris l'exécution de Lesurques fit des révélations. Il avoua au juge de paix de Rochefort qu'il avait assisté à Paris, à un déjeuner au *Cadran-Bleu*, dont étaient Courriol, Durochat, Roussy, Bruer et Vidal. On avait là parlé d'effets volés qui avaient été partagés chez

Dubosc, Courriol lui avait raconté le drame de Lieursaint. C'est Dubosc et lui Courriol qui avaient assassiné le postillon pendant que Roussy et Vidal se précipitaient sur Excoffon que poignardait Durochat placé près de lui. Durochat avait une blessure à la main; c'était un résultat tout naturel d'une lutte où il était aux côtés d'un homme que deux hommes sabraient.

En fallait-il davantage? A la suite de cette information, M. Cartault dressa, le 27 messidor an v, son acte d'accusation contre Vidal, Dubosc et Claudine Barrière. Il était bien différent de celui du citoyen Menessier et du jugement du tribunal de Paris. Il y était dit : « Courriol et Bernard ont été condamnés et exécutés. Durochat vient d'être condamné. La justice n'a point à se plaindre de sa sévérité envers eux. Le crime de Courriol et de Durochat n'est pas douteux. Ils ont tous les deux participé à l'horrible assassinat du courrier de Lyon. Si Bernard n'a pas à se reprocher le même crime, on ne saurait laver sa mémoire d'avoir partagé avec eux les fruits de leur forfait. Il n'en est pas de même du sieur Guesnot et de Lesurques. Le premier n'a été poursuivi que par l'effet d'une ressemblance extraordinaire avec Vidal, mais il n'a pas succombé. Pourquoi faut-il qu'une circonstance semblable ait coûté la vie et l'honneur au malheureux

Lesurques ? aujourd'hui ce n'est plus lui dont la société réclame le châtiment ; c'est Dubosc. C'est contre celui-ci que s'élèvent les plus redoutables préventions ; c'est lui que Courriol mourant a désigné comme le vrai coupable..... »

Le 30 messidor an v (21 juillet 1797) le jury déclara qu'il y avait lieu d'accusation contre Dubosc et Vidal. Mais le 15 thermidor an v, le tribunal criminel de Seine-et-Oise cassa la procédure comme étant irrégulière et renvoya les accusés devant le tribunal de Versailles.

Cependant le pourvoi de Durochat avait été rejeté : l'échafaud le réclamait. Il se vit perdu ; le 22 thermidor, il demanda à faire des aveux. Le commissaire de police Pile se rendit près de lui et dressa procès-verbal des réponses du condamné. Voici ce qu'on y lit : « Il m'a annoncé qu'il voulait parler sans haine et sans vengeance : ils n'étaient que cinq pour l'assassinat du courrier : lui Durochat, Vidal et Dubosc. Les deux autres sont Courriol et Roussy, l'un exécuté, l'autre à Milan. Lesurques et Bernard sont morts innocents. Bernard n'a fait que prêter les chevaux, il ignorait pour où aller. Enfin si lui Durochat n'a pas voulu reconnaître Dubosc à Melun, c'est que Dubosc lui avait fait dire qu'il lui fournirait de l'argent tant qu'il vou.-drait..... etc. »

Plus de doute ! Dubosc était bien l'assassin pour qui on avait pris Lesurques. Durochat fut exécuté.

M. Delaistre, directeur du jury de Pontoise fut chargé de l'instruction à Versailles. On entendit les même témoins qu'à Melun. Le 11 pluviôse, an VI, la femme Alfroy confrontée une seconde fois avec Dubosc « lui trouve dans le visage un faux air et un peu de ressemblance avec Lesurques ; mais elle croit qu'il a les yeux moins bleus, les sourcils plus bruns et qu'il est plus petit et plus mince que Lesurques ; au surplus, elle a ouï dire que Dubosc, qui est prévenu d'être un des assassins avait ce jour-là une perruque blonde, et que si cela est, il faudrait que Dubosc lui fût représenté avec une perruque blonde. »

D'autres témoins répètent leurs précédentes dépositions avec de vagues changements. De nouveaux témoins sont interrogés. Le nommé Leguillon reconnaît Dubosc et la Claudine Barrière pour les avoir vus il y a quatre ans dans la maison de Bicêtre. La femme Tiercelin, portière, connaît Dubosc, sa femme et Vidal. Dubosc et sa maîtresse ont demeuré dans sa maison, c'est là qu'elle a vu Vidal qui venait presque tous les jours chez Dubosc. Le maître de la maison garnie rue Croix-des-Petits-Champs n° 30, le sieur Gaume « connaît la femme Dubosc ; elle est venue loger

chez lui, en l'an III, avec une autre femme nommée Prince, qu'elle a dit être sa mère. Elle recevait Dubosc en qualité de son beau-frère et non
de son mari. Après le 8 floréal elle a disparu de
la maison où Dubosc n'est jamais revenu. »

M. Delaistre rédigea le 12 pluviôse an VI, son acte
d'accusation. Il n'est pas aussi positif que celui de
M. Cartault, à l'égard de l'innocence de Lesurques,
mais il émet un doute, il croit à une erreur. En voici
quelques passages : « A l'égard de Courriol et de
Durochat, la justice a acquis la certitude de n'avoir
puni en eux que des coupables ; mais elle est loin
d'avoir la même confiance dans le jugement qui
a puni de mort un individu nommé Lesurques :
à son égard, la contradiction qui se trouve entre
les témoins qui l'ont affirmativement reconnu, et
les coupables qui, jusqu'à la fin ont persisté à le
méconnaître et à le soutenir innocent, laisse à
douter si Lesurques a été puni justement ou s'il
n'a été qu'une victime du concours de circonstances funestes et surtout d'une fatale ressemblance avec Dubosc... La justice s'occupera sans
doute d'éclairer dans des tribunaux compétents
un doute funeste à la société. » Enfin, il était dit
que Vidal était reconnu coupable ; que Dubosc
était le blond qui avait fait le passe-port de Durochat. Ce blond n'était donc pas Lesurques sur qui
on n'avait trouvé aucun papier ; que Dubosc était

un des quatre qui avaient pris des chevaux chez Bernard et que c'est chez lui que se fit le partage des effet volés. La Claudine Barrière était reconnue complice de tous les crimes de Dubosc.

M. Delaistre qui voulait la lumière à tout prix demanda au ministre de la justice l'extraction de Richard, du bagne de Rochefort, qui pouvait être utile aux débats. Ordre fut donné de transférer cet homme à Versailles. En même temps le ministre de la justice écrivait le 24 floréal an VI au magistrat de Versailles qu'il fallait faire les plus grands efforts afin de découvrir qui de Lesurques et de Dubosc était coupable. « Il faut, disait le ministre, tâcher de rendre constant entre ces deux individus si la culpabilité de l'un entraîne l'innocence de l'autre ou si tous les deux peuvent être convaincus du même crime ou d'une de ses circonstances. » Et il citait la loi du 5 mai 1793 permettant la révision quand il y avait contradiction entre deux jugements de condamnation et que les deux condamnés étaient vivants. D'un autre côté, le 2 ventôse an VI, l'accusateur public demanda et obtint que Dubosc comparût aux débats coiffé d'une perruque blonde, et qu'un portrait ou buste de Lesurques fût apporté. La veuve de Lesurques envoya aussitôt un buste et un portrait en miniature de son mari.

Les débats allaient s'ouvrir lorsque Vidal et

Dubosc, voyant tout perdu prirent une résolution qui souvent avait réussi à ce dernier. Ils s'échappèrent le 3 messidor en escaladant les murs de la prison. Vidal put se sauver sans accident. Dubosc en tombant se cassa la jambe et fut repris. Mais il ne perdit pas courage; il était à l'infirmerie; fort, robuste, habilement soigné d'ailleurs, il fut promptement rétabli. Mais il sut jouer la comédie comme il devait le faire jusqu'au bout. Il était guéri déjà alors qu'on le croyait encore dans l'impossibilité de rien tenter. Il était peu surveillé, vu son état apparent. Lui riait sous cape. Un jour qu'il était sans gardien, il sortit furtivement de l'infirmerie, parvint jusqu'à Claudine Barrière, détenue au quartier des femmes, et tous deux s'enfuirent sans qu'on ait pu deviner comment L'audacieux bandit était riche, il était craint. Peut-être avait-il acheté ceux qui étaient préposés à sa garde. On était au 29 thermidor (16 août 1798). Mais presque en même temps que l'évasion de Dubosc on apprit que, dès le 1ᵉʳ thermidor, Vidal avait été arrêté à Lyon. Ramené à Versailles et jugé, accablé par les preuves de toutes sortes qu'il voulut combattre en vain, il fut condamné à mort. Son pourvoi en cassation fut rejeté et il fut exécuté le 12 frimaire an VII.

Deux ans après, grâce au zèle de M. Eymery, le digne citoyen qui s'était voué avec Daubenton à la réhabilitation de Lesurques, la fille Claudine Barrière fut arrêtée et Dubosc lui-même tomba de nouveau quelques jours après, le 14 fructidor an VIII, entre les mains de la justice, à laquelle il ne devait plus échapper. Les débats furent fixés au 28 brumaire an IX (19 novembre 1800). Une étrange fatalité planait sur cette lugubre affaire. Quand on voulut produire le registre de Legrand, le billet de garde de Baudard, les dépositions et lettres de Courriol, aucune de ces pièces ne se retrouva au greffe. Les débats s'ouvrirent; Dubosc y parut coiffé d'une perruque blonde. Tous les témoins qui l'avaient reconnu persistèrent dans leurs déclarations : Richard, qui avait été amené de Toulon, affirma qu'il était un des assassins; une lettre d'un forçat de Toulon fut lue et dénonçait Dubosc comme un chef de bandits et le complice du crime de Lieursaint. Tout enfin le confondit, jusqu'à la femme Alfroy qui, hésitante dans ses précédents interrogatoires, s'écria en se frappant la poitrine : « Si devant le tribunal criminel de Paris j'ai reconnu Lesurques, aujourd'hui ma conscience me fait un devoir de dire que je me suis trompée. Ce n'est pas Lesurques que j'ai vu, mais bien Dubosc ici présent, je l'avais déjà reconnu dans l'autre procès, avant même qu'il ait cette perruque blonde et si je ne l'ai pas avoué, c'est que je n'ai pas osé. » Le défenseur de Dubosc fut habile. L'accusé lui-même fit preuve d'une rouerie et d'une audace sans égales. Il écrivit même un mémoire où il se justifiait tout en outrageant ses accusateurs et dans lequel on lit cette phrase curieuse : « Si on a trouvé chez moi des armes et des munitions, c'est que je voulais aller en Angleterre pour y faire sauter tout ce que je pourrais en revanche du mal que les Anglais font à la France. » Ce bouillant patriotisme ne toucha pas les cœurs, et le bandit fut, le 1er nivôse an IX, condamné à mort; sa maîtresse à 24 ans de réclusion. A partir de sa condamnation, Dubosc, quoiqu'il se fût pourvu en cassation, ne parut plus être le même homme. Toute fanfaronnade avait disparu. Il courbait la tête; il était vaincu. On a dit même qu'avant sa mort il avait avoué à son défenseur l'innocence de Lesurques, déclaration qui, par malheur, ne fut pas recueillie par la justice. Il subit sa peine le 5 nivôse suivant, à Versailles.

Restait encore un coupable. Vers la fin de l'an XI, Roussy, dont le véritable nom était Béroldi, fut découvert à Madrid. Le gouvernement français obtint son extradition. Roussy comparut devant le tribunal de Versailles. Ses antécédents étaient tristes; ancien chef de bandes, il avait vécu de vols et de meurtre. Désigné, malgré ses dénégations, comme complice de l'assassinat du

9

courrier par les témoins qui le reconnurent surtout à une tache de vin qu'il avait à la main, il fut condamné à mort et exécuté à Versailles le 11 messidor an XII. Avant de marcher à l'échafaud il déclara qu'il ne connaissait pas Lesurques, mais que lui aussi était innocent. Après l'exécution, l'abbé de Grandpré, qui avait assisté le condamné, déclara au substitut du procureur impérial qu'au dernier moment Roussy l'avait prié de dire à ses juges qu'il avait mérité son sort. L'ecclésiastique ajouta qu'il lui avait remis un testament écrit de sa main à condition qu'on ne le lirait qu'au bout de six mois. Lorsqu'on décacheta ce papier, voici ce qu'on lut : « Je déclare que le nommé Lesurques est innocent, mais cette déclaration que je donne à mon confesseur, il ne pourra la déclarer à la justice que six mois après ma mort. »

Voilà le drame. Son prologue fut la mort injuste de Lesurques, son épilogue est encore le malheur de la famille du condamné.

Il y avait eu cinq assassins; on avait exécuté six condamnés. Quel était l'innocent, de Dubosc où de Lesurques? Il ne faut plus se poser cette question: Lesurques est mort martyr, victime d'une fatale ressemblance et d'une procédure qui ne pouvait marcher que dans l'erreur au milieu de l'anarchie morale qui torturait alors le pays.

Depuis la condamnation de Lesurques, sa veuve et ses enfants ont poursuivi avec un admirable dévouement la réhabilitation du malheureux condamné. Ça a été une lutte poignante où la législation imparfaite et implacable a vaincu la conscience. En 1804, la famille Lesurques demanda à la cour de Versailles communication du dossier de l'affaire, afin de se pourvoir en révision. Il fut répondu par le ministère public, représenté par M. Giraudet, « que les principes de la législation actuelle en matière criminelle n'autorisaient point les demandes en révision. » Grave question bien légèrement décidée, et pourtant la cour fut de l'avis du ministère public. En 1806, nouvelle tentative. Mᵉ Caille, au nom de la famille, présente une requête à Napoléon Iᵉʳ pendant que Daubenton, infatigable, présente son mémoire au grand juge Regnier. L'Empereur, vivement touché, demanda au duc de Massa un rapport sur l'affaire. De son côté, le grand juge demanda un rapport à M. Giraudet, celui qui deux ans auparavant avait conclu contre la révision du procès. M. Giraudet ne changea pas d'opinion ; la requête fut rejetée. Ce n'était pas encore assez d'infortune et de honte pour cette malheureuse famille : en 1810, les biens de Lesurques furent donnés à la dotation du sénat, quand on aurait dû les restituer à ses enfants. Vint la Restauration. Le 9 novembre 1821, une pétition fut adressée aux chambres par la veuve et les deux filles de Lesurques. (Le fils Alexandre Lesurques, engagé volontaire avait disparu pendant la campagne de Russie.) Même insuccès. On invoquait l'irrévocabilité des jugements.

Le 25 mai 1833, la veuve et les enfants de Lesurques demandent, encore une fois, aux chambres législatives une réparation pécuniaire et morale. Le rapporteur de la commission des pétitions, M. Merlin (de l'Aveyron) conclut que « quand la notoriété et l'évidence constatent l'erreur de la condamnation, quand l'innocent a péri, sa mémoire, sa fortune, son honneur ne devraient pas avoir péri avec lui. »

Le rapport, fut chaleureusement appuyé par MM. Fulchiron, de Salverte, de Laborde et Debelleyme. Ce dernier, éminent et respectable président du tribunal de la Seine, avait, comme avocat, signé en 1809 le mémoire à l'empereur. Depuis, comme procureur du roi à Versailles, il avait examiné avec attention toutes les pièces du procès, et sa conviction de l'innocence de Lesurques était devenue inébranlable. Les conclusions du rapport furent adoptées par la Chambre. Le 10 mai 1834, nouvel appel à la Chambre des députés qui, par l'organe de son rapporteur, M. Poulle, fit aux héritiers Lesurques une réponse semblable.

Parlant sur la question de révision, M. Poulle disait : « Combien n'est-il pas pénible pour des législateurs d'être obligés de convenir qu'il existe des cas où une erreur judiciaire, commise à la face du pays, ne peut pas être réparée à cause de l'insuffisance de notre législation !

« C'est une lacune que la veuve et les enfants de Lesurques vous demandent de combler.

Enfin, en 1834, le ministre des finances accorde 25,000 francs.

Il restait encore sous le séquestre 75,000 francs, somme volée au préjudice du domaine lors de l'assassinat du courrier de Lyon. Le jugement du 18 thermidor an IV était un titre pour le domaine. Cependant la famille présenta, en 184 à M. le ministre des finances, un mémoire tendant à obtenir la restitution de ces 75,000 francs.

Rédigé par M. Sirey, le même qui, en 1796, alors qu'il était chef de bureau au ministère de la justice avait fait le rapport approuvé par M. Merlin (de Douai) qui demandait un sursis à l'exécution de Lesurques, ce mémoire fut approuvé et signé par d'éminents jurisconsultes tels que Crémieux, J. B. Sirey, Carle; il était intitulé *Mémoire pour les enfants Lesurques, Paris, 1844.*

Madame veuve Lesurques était morte d'épuisement et de chagrin en 1842. Elle n'avait pu supporter plus longtemps les horribles tortures qu'elle endurait depuis le jour où, mourant sur l'échafaud, son mari avait, le malheureux! couvert d'opprobre sa famille et son nom.

Après s'être trop longtemps confié aux réflexions qui pouvaient *donner à penser*, pour ainsi dire, à ceux de qui dépendait leur destinée; après avoir vainement attendu qu'une loi interprétative vînt modifier et améliorer notre code criminel et autorisât la révision du procès du condamné, les enfants de Lesurques voyant enfin leur espérance déçue s'étaient décidés à publier ce mémoire.

Il y était dit : «... aujourd'hui, nous devons avoir foi dans la législation existante, interprétée par la Cour suprême ; nous devons, par tous les moyens, tendre à la révision du jugement du 18 thermidor an iv. D'intérêts pécuniaires et d'honneur de famille, il est temps d'en finir. Et notre dernière lutte doit commencer auprès de vous, M. le ministre. Nous vous redemandons les 75,000 francs illégalement séquestrés, parce que votre sagesse provoquera nécessairement l'appréciation des cinq condamnations contraires, et singulièrement la révision des quatre jugements de l'an V, de l'an VI, de l'an IX et de l'an XII.. . »

Il était indispensable pour les héritiers de Lesurques qu'ils obtinssent une dernière décision selon l'esprit de la législation actuelle, afin de régulariser leur position. Il leur fallait aussi une décision contentieuse au sujet des 75,000 francs. Ils la demandaient à M. le ministre des finances.

Ils attaquaient l'arrêt du 18 thermidor an IV sur lequel s'appuyait le domaine; ils le déclaraient inefficace. N'était-il pas inconciliable avec les quatre arrêts suivants? arrêts qui, pour un fait commis par un nombre connu d'individus, condamnaient un plus grand nombre d'individus. Combien d'arrêts semblables n'ont-il pas été cassés par la cour de cassation, après vérification de contrariété dans les actes d'accusation.

Les enfants de Lesurques ne demandaient donc plus la révision du procès pour *innocence* et pour *erreur de personne*, ils la demandaient pour cause de contrariété. Dans cette ténébreuse affaire, il y avait eu, en premier lieu, cinq accusations, puis six, et il y avait eu sept condamnations.

Voici les conclusions du mémoire ; 1° que le

domaine ne s'étant saisi des valeurs de Lesurques que par suite d'un séquestre nul et non autorisé, il y a lieu à restitution des 75,000 francs, avec intérêts, du jour de l'indue détention ; sauf à discuter ensuite cette question fiscale : si cinq jugements différents portant tous et chacun des condamnations à la totalité des frais et réparations civiles, à raison du même crime, peuvent être exécutés ; s'il n'y a pas nécessité de révision, pour que cette totalité soit déclarée solidaire entre tous, ou pour qu'il soit décidé lequel des cinq doit payer la totalité des frais et réparations civiles ; 2° qu'en tout cas, y ayant eu sept condamnations et exécutions capitales là où il n'y avait eu que six accusations, il y a nécessairement contrariété, et, d'après la jurisprudence courante de la Cour de cassation, il y a lieu nécessairement à révision et à annulation des cinq jugements rendus.

Le mémoire ne fut pas écouté.

En 1846, une nouvelle réhabilitation morale est demandée. Elle subit le sort des autres.

Madame veuve Lesurques, en mourant, avait confié à sa fille aînée le soin de poursuivre la vengeance avec la recherche de la vérité. C'était le vœu d'un mourant, le vœu d'un père, que la malheureuse veuve remettait à son enfant, avant d'aller rejoindre là-haut l'infortuné qui fut son époux. Mélanie Lesurques avait avec une infatigable activité, une sublime piété filiale, secondé sa mère dans la grande tâche. Lorsqu'à la mort de madame Lesurques elle était restée là, portant par l'ordre maternel le fardeau de cette triste et interminable affaire, elle avait ramassé tout son courage; elle avait accepté le legs de lutter jusqu'à la mort; elle lutta. Elle fut vaincue; elle mourut!

Un soir que les ténèbres couvraient, lugubres et muettes, la grande ville et le fleuve qui la traverse lentement, en portant à la mer tant de cris de joie et tant de secrets du crime, une femme, folle de désespoir, vêtue de noir, le visage couvert d'un crêpe, arrivait d'un pas fébrile et saccadé sur le pont d'Austerlitz. Elle s'approcha du parapet, regarda si personne ne l'observait, sonda, l'œil hagard, l'abîme béant sous ses pieds, leva les yeux au ciel, fit un signe de croix... Un bruit sourd frappa les airs; un clapotement d'eau se fit entendre... puis plus rien!

C'était Mélanie Lesurques qui, vêtue des habits de deuil qu'elle n'avait jamais quittés venait de demander aux flots de la Seine la fin de ses tortures et son chemin vers Dieu!

En 1851, la dernière fille du condamné, Virginie, et ses neveux, Clara et Charles-Auguste Danjou, demandèrent à l'assemblée législative la justice si longtemps attendue en vain. Une commission fut nommée; elle rédigea un rapport, le plus remarquable qui ait été fait durant ce sinistre procès. L'innocence de Lesurques n'y était pas un seul instant mise en doute.—Ce n'est pas assez, disait-il, de proclamer l'innocence de Lesurques; il faut le réhabiliter juridiquement. Et, seule, l'assemblée nationale pouvait amener cette réhabilitation en faisant une loi.

Le rapport disait : « Quand la révision d'un procès est aussi impérieusement demandée par l'opinion publique, et que les lois existantes ne le permettent pas, peut-être cette révision par le pouvoir législatif et par une loi est-elle la meilleure solution du problème, la plus respectueuse pour la justice.

« La nécessité d'obtenir une loi écarterait toutes les demandes téméraires ou hasardées qui tenteraient de se produire sans être appuyées des preuves extraordinaires et vraiment providentielles qui ont été accordées au malheureux Lesurques. « La loi, qui soumet tout, peut seule dominer un arrêt de justice. Qui donc s'en plaindrait?

« Mais combien n'aurait-on pas le droit de se plaindre. Si le corps dépositaire de ce suprême pouvoir restait insensible aux plaintes de l'innocent, aux cris de la conscience publique! S'il voyait sans s'émouvoir cette miraculeuse réunion de preuves dont la Providence a couronné l'échafaud de Lesurques; si, insensible aux sentiments qui sont la vie et l'honneur des sociétés, il refusait une réparation qui sera la réhabilitation de la justice elle-même! »

L'assemblée fut émue de ces nobles paroles; elle nomma une commission de quinze membres, pour revoir le procès et juger s'il y avait lieu à une réparation. En 1851 une proposition fut soumise au corps législatif, elle demandait la modification de l'article 443 du code d'instruction criminelle.

L'assemblée législative passa. La proposition fut oubliée. Les événements politiques occupaient alors les esprits trop profondément. Encore des efforts inutiles!

Enfin, le 18 février 1868, Virginie Lesurques, dernière fille du condamné a tenté un dernier effort. Après diverses consultations signées par les plus éminents membres du barreau parisien, la cause fut portée devant la Cour de cassation. Tous les moyens, que les divers avocats chargés dans les précédents procès de la défense de Lesurques ou de soutenir les demandes en réhabilitation, avaient employés, furent développés avec le plus grand talent et la plus intime conviction par le savant avocat de l'infortunée famille. La cour fut émue, mais la justice demeura inflexible, immuable.

Le curateur nommé à la mémoire de Dubosc devait, malgré la répugnance que sans doute il éprouvait, s'acquitter de son mandat : il soutint que le coupable pouvait aussi bien être Lesurques que Dubosc. La ressemblance des deux individus ne pouvait-elle pas égarer la justice aussi bien au préjudice de l'un que de l'autre?...

Il y a dans toute cette affaire comme une fatalité qui s'attache à une malheureuse victime avec un acharnement inouï. La demande en révision du jugement fut déclarée inadmissible. La Cour suprême avait parlé. C'était fini!

La législation est terrible dans ses imperfections ; ce n'est pas à nous de la discuter. Simple narrateur, nous avons raconté en tâchant de rendre le résumé de ce drame lugubre clair et intéressant pour nos lecteurs. Plus que tout autre, nous sommes émus au souvenir du supplice de Lesurques, au récit des tourments de sa famille et nous nous disons ceci : — Condamné et flétri par la légalité, Lesurques est depuis sa mort acquitté et réhabilité par la conscience et l'opinion publiques.

FIN.

CLICHY. — Imp. M. Loignon, P. Dupont et Cie, rue du ac-d'Asnières, 12.

www.ingramcontent.com/pod-product-compliance
Ingram Content Group UK Ltd.
Pitfield, Milton Keynes, MK11 3LW, UK
UKHW022056070726
13613UKWH00002B/825